INTRODUCTION
A L'ARCHITEXTE

DU MÊME AUTEUR

AUX MÊMES ÉDITIONS

Figures I
coll. « Tel Quel », 1966
coll. « Points Essais », 1976

Figures II
coll. « Tel Quel », 1969
coll. « Points Essais », 1979

Figures III
coll. « Poétique », 1972

Mimologiques
coll. « Poétique », 1976

Palimpsestes
coll. « Poétique », 1982
coll. « Points Essais », 1992

Nouveau Discours du récit
coll. « Poétique », 1983

Seuils
coll. « Poétique », 1987

Fiction et Diction
coll. « Poétique », 1991

L'Œuvre de l'art
*Immanence et transcendance
coll. « Poétique », 1994

GÉRARD GENETTE

INTRODUCTION A L'ARCHITEXTE

ÉDITIONS DU SEUIL
27, rue Jacob, Paris VIe

CE LIVRE
A ÉTÉ ÉDITÉ DANS LA COLLECTION
POÉTIQUE
SOUS LA DIRECTION DE GÉRARD GENETTE
ET TZVETAN TODOROV

ISBN 2-02-005310-1

I

On connaît cette page du *Portrait de l'artiste* où Stephen expose devant l'ami Lynch « sa » théorie des trois formes esthétiques fondamentales : « la forme lyrique, où l'artiste présente son image en rapport immédiat avec lui-même; la forme épique, où il présente son image en rapport intermédiaire entre lui-même et les autres; la forme dramatique, où il présente son image en rapport immédiat avec les autres[1] ». Cette tripartition en elle-même n'est pas des plus originales, et Joyce ne l'ignore nullement, qui ajoutait ironiquement dans la première version de cet épisode que Stephen s'exprimait « avec l'air ingénu de celui qui découvre quelque chose de nouveau » alors que « pour l'essentiel son esthétique était du saint Thomas appliqué[2] ».

Je ne sais s'il est arrivé à saint Thomas de proposer un tel partage — ni même si c'est bien ce que Joyce suggère en l'évoquant ici —, mais j'observe çà et là qu'on l'attribue volontiers, depuis quelque temps, à Aristote, voire à Platon. Dans son étude sur l'histoire de la division des genres[3], Irene Behrens

1. *Dedalus*, 1913; trad. fr., Gallimard, p. 213.
2. *Stephen le héros*, 1904; trad. fr., Gallimard, p. 76.
3. *Die Lehre von der Einteilung der Dichtkunst*, Halle, 1940.

en relevait un exemple sous la plume d'Ernest Bovet : « Aristote ayant distingué les genres lyrique, épique et dramatique... [1] », et réfutait immédiatement cette attribution, qu'elle déclarait déjà fort répandue. Mais, comme nous allons le voir, cette mise au point n'a pas empêché les récidives ; sans doute, entre autres raisons, parce que l'erreur, ou plutôt l'illusion rétrospective dont il s'agit, a des racines profondes dans notre conscience, ou inconscience, littéraire. Au reste, la mise au point elle-même n'était pas affranchie de toute adhérence à la tradition qu'elle dénonçait, puisque Irene Behrens se demande fort sérieusement comment il se fait que la tripartition traditionnelle ne soit pas chez Aristote, et en trouve une raison possible dans le fait que le lyrisme grec était trop lié à la musique pour relever de la poétique. Mais la tragédie l'était tout autant, et l'absence du lyrique dans la *Poétique* d'Aristote tient à une raison beaucoup plus fondamentale, et telle qu'une fois perçue, la question même perd toute espèce de pertinence.

Mais non apparemment toute raison d'être : on ne renonce pas facilement à projeter sur le texte fondateur de la poétique classique une articulation fondamentale de la poétique « moderne » — en fait, comme souvent et comme on le verra, plutôt *romantique* ; et non peut-être sans conséquences théoriques fâcheuses car, en usurpant cette lointaine filiation, la théorie relativement récente des « trois genres fondamentaux » ne s'attribue pas seulement une ancienneté, et donc une apparence ou présomption d'éternité, et par là d'évidence : elle détourne au

1. *Lyrisme, Épopée, Drame,* Paris, Colin, 1911, p. 12.

profit de ses trois instances génériques un fondement naturel qu'Aristote, et avant lui Platon, avaient, plus légitimement peut-être, établi pour tout autre chose. C'est ce nœud, pendant quelques siècles au cœur de la poétique occidentale, de confusions, de quiproquos et de substitutions inaperçues, que je voudrais tenter de dénouer un peu.

Mais d'abord, non pour le cuistre plaisir de censurer quelques excellents esprits, mais pour illustrer par leur exemple la diffusion de cette *lectio facilior*, en voici trois ou quatre autres occurrences plus récentes : chez Austin Warren : « Nos classiques de la théorie des genres sont Aristote et Horace. C'est à eux que nous devons l'idée que la tragédie et l'épopée sont les deux catégories caractéristiques — et d'ailleurs les plus importantes. Mais Aristote, à tout le moins, perçoit d'autres distinctions plus essentielles entre la pièce de théâtre, l'épopée, le poème lyrique... Platon et Aristote distinguaient déjà les trois genres fondamentaux selon leur " mode d'imitation " (ou " représentation ") : la poésie lyrique est la *persona* même du poète; dans la poésie épique (ou le roman) le poète parle en son nom propre, en tant que narrateur, mais il fait également parler ses personnages au style direct (récit mixte); au théâtre, le poète disparaît derrière la distribution de sa pièce... La *Poétique* d'Aristote qui, pour l'essentiel, fait de l'épopée, du théâtre et de la poésie lyrique (" mélique ") les variétés fondamentales de poésie... [1] »; Northrop Frye, plus vague ou plus

1. Chapitre « Les genres littéraires », *in* R. Wellek et A. Warren, *La Théorie littéraire*, 1948; trad. fr., Seuil, p. 320 et 327.

prudent : « Nous disposons de trois termes de distinction des genres, légués par *les auteurs grecs :* le drame, l'épopée, l'œuvre lyrique [1] »; plus circonspect encore, ou plus évasif, Philippe Lejeune suppose que le point de départ de cette théorie est « la division trinitaire *des anciens* entre l'épique, le dramatique et le lyrique [2] »; mais non Robert Scholes, qui précise que le système de Frye « commence par l'acceptation de la division fondamentale *due à Aristote* entre les formes lyrique, épique et dramatique [3] »; et moins encore Hélène Cixous, qui, commentant le discours de Dedalus, en localise ainsi la source : « tripartition assez classique, empruntée à la *Poétique* d'Aristote (1447 *a, b,* 1456 à 1462, *a* et *b*) [4] »; quant à Tzvetan Todorov, il fait remonter la triade à Platon et sa systématisation définitive à Diomède : « De Platon à Emil Staiger, en passant par Goethe et Jakobson, on a voulu voir dans ces trois catégories les formes fondamentales ou même " naturelles " de la littérature... Diomède, au IVe siècle, systématisant Platon, propose les définitions suivantes : lyrique = les œuvres où seul parle l'auteur; dramatique = les œuvres où seuls parlent les personnages; épique = les œuvres où auteur et personnages ont également droit à la parole [5]. » Sans formuler aussi précisément l'attribution qui nous occupe, Mikhaïl Bakhtine avançait en 1938 que la théorie des genres « n'a pu jusqu'à nos jours ajouter quoi que ce soit de substantiel à ce qui

1. *Anatomie de la critique,* 1957; trad. fr., Gallimard, p. 299.
2. *Le Pacte autobiographique,* Seuil, 1975, p. 330.
3. *Structuralism in Literature,* Yale, 1974, p. 124. Dans toutes ces citations, c'est moi qui souligne les attributions.
4. *L'Exil de James Joyce,* Grasset, 1968, p. 707.
5. O. Ducrot et T. Todorov, *Dictionnaire encyclopédique des sciences du langage,* Seuil, 1972, p. 198.

avait déjà été fait par Aristote. Sa poétique demeure le fondement immuable de la théorie des genres, quoique parfois ce fondement soit si profondément enfoui qu'on ne le distingue plus [1] ».

De toute évidence, Bakhtine ne s'avise pas du silence massif de la *Poétique* sur les genres lyriques, et cette inadvertance illustre paradoxalement l'oubli du fondement qu'il croit dénoncer; car l'essentiel en est, nous le verrons, l'illusion rétrospective par laquelle les poétiques modernes (préromantiques, romantiques et postromantiques) projettent aveuglément sur Aristote, ou Platon, leurs propres contributions, et « enfouissent » ainsi leur propre différence — leur propre modernité.

Cette attribution aujourd'hui si répandue n'est pas tout à fait une invention du XXe siècle. On la trouve en tout cas déjà au XVIIIe chez l'abbé Batteux, dans un chapitre additionnel de son essai *les Beaux-Arts réduits à un même principe*. Le titre de ce chapitre est presque inespéré : « Que cette doctrine est conforme à celle d'Aristote [2]. » Il s'agit à vrai dire de la doctrine générale de Batteux sur « l'imitation de la belle nature » comme « principe » unique des beaux-arts, poésie comprise. Mais ce chapitre est essentiellement consacré à démontrer qu'Aristote distinguait dans l'art poétique trois genres ou, dit Batteux d'un

1. *Esthétique et Théorie du roman,* trad. fr., Gallimard, p. 445.

2. Ce chapitre apparaît en 1764 dans la reprise des *Beaux-Arts réduits...* (1re éd., 1746) au 1er vol. des *Principes de littérature;* encore n'est-ce alors que la fin d'un chapitre ajouté sur « La poésie des vers ». Cette fin est détachée en chapitre autonome dans l'édition posthume de 1824, avec son titre emprunté au texte même de l'addition de 1764.

terme emprunté à Horace, trois *couleurs* fondamentales. « Ces trois couleurs sont celle du dithyrambe ou de la poésie lyrique, celle de l'épopée ou de la poésie de récit, enfin celle du drame, ou de la tragédie et de la comédie. » L'abbé cite lui-même le passage de la *Poétique* sur lequel il se fonde, et la citation mérite d'être reprise, et dans la traduction même de Batteux : « Les mots composés de plusieurs mots conviennent plus spécialement aux dithyrambes, les mots inusités aux épopées, et les tropes aux drames. » C'est la fin du chapitre XXII, consacré aux questions de la *lexis* — nous dirions du style. Comme on le voit, il s'agit ici du rapport de convenance entre genres et procédés stylistiques — encore que Batteux tire quelque peu dans ce sens les termes d'Aristote en traduisant par « épopée » *ta héroika* (vers héroïques) et par « drame » *ta iambeia* (vers iambiques, et sans doute plus particulièrement les trimètres du dialogue tragique ou comique). Négligeons cette légère accentuation : Aristote semble bien répartir ici trois traits de style entre trois genres ou formes : le dithyrambe, l'épopée, le dialogue de théâtre. Reste à apprécier l'équivalence établie par Batteux entre dithyrambe et poésie lyrique. Le dithyrambe est une forme aujourd'hui mal connue, dont il ne nous reste presque aucun exemple, mais que l'on décrit généralement comme un « chant choral en l'honneur de Dionysos », et que l'on range donc volontiers parmi les « formes lyriques [1] », sans aller toutefois jusqu'à dire comme Batteux que « rien ne répond mieux à notre poésie lyrique », ce qui fait bon marché, par exemple, des odes de Pindare ou de

1. J. de Romilly, *La Tragédie grecque*, PUF, 1970, p. 12.

Sapho. Mais de cette forme, il se trouve qu'Aristote ne dit rien d'autre dans la *Poétique,* si ce n'est [1] pour la désigner comme un ancêtre de la tragédie. Dans les *Problèmes homériques* [2], il précise qu'il s'agit d'une forme originellement narrative devenue par la suite « mimétique », c'est-à-dire dramatique. Quant à Platon, il cite le dithyrambe comme le type par excellence du poème... purement narratif [3].

Rien dans tout cela, donc — bien au contraire —, qui autorise à présenter le dithyrambe comme illustrant *chez Aristote (ou Platon)* le « genre » lyrique; or ce passage est le seul de toute la *Poétique* que Batteux ait pu invoquer pour donner la caution d'Aristote à l'illustre triade. La distorsion est flagrante, et le point où elle s'exerce est significatif. Pour mieux apprécier cette signification, il est nécessaire de revenir une fois de plus à la source, c'est-à-dire au système des genres proposé par Platon et exploité par Aristote. Je dis « système des genres » par une concession provisoire à la vulgate, mais on verra bientôt que le terme est impropre, et qu'il s'agit de tout autre chose.

1. 1449 *a.*
2. XIX, 918 *b*-919.
3. *La République,* 394 *c.* « Il semble qu'au début du ve siècle, le chant lyrique en l'honneur de Dionysos ait pu traiter de sujets divins ou héroïques plus ou moins associés au dieu; ainsi d'après les fragments conservés de Pindare, le dithyrambe apparaît comme un morceau de narration héroïque, chanté par un chœur, sans dialogue, et s'ouvrant sur une invocation à Dionysos, parfois même à d'autres divinités. C'est à ce type de composition que Platon doit faire allusion plutôt qu'au dithyrambe du IVe siècle, profondément modifié par le mélange des modes musicaux et l'introduction des solos lyriques » (R. Dupont-Roc, « Mimesis et énonciation », in *Écriture et Théorie poétiques,* Presses de l'École normale supérieure, 1976). Cf. A. W. Pickard-Cambridge, *Dithyramb, Tragedy and Comedy,* Oxford, 1927.

II

Au IIIe livre de *la République,* Platon motive sa décision bien connue d'expulser les poètes de la Cité par deux séries de considérations. La première porte sur le contenu *(logos)* des œuvres, qui doit être (et trop souvent n'est pas) essentiellement moralisant : le poète ne doit pas représenter des défauts, surtout chez les dieux et les héros, et encore moins les encourager en représentant la vertu malheureuse ou le vice triomphant. La seconde porte sur la « forme » *(lexis)* [1], c'est-à-dire en fait sur le *mode de représentation.* Tout poème est récit *(diègèsis)* d'événements passés, présents ou à venir; ce récit au sens large peut prendre trois formes : soit purement narrative *(haplè diègèsis),* soit mimétique *(dia mimèséôs),* c'est-à-dire, comme au théâtre, par voie de dialogues entre les personnages, soit « mixte », c'est-à-dire en fait alternée, tantôt récit tantôt dialogue, comme chez Homère. Je ne reviens pas sur le détail de la démonstration [2], ni sur la dévalorisation bien connue des modes mimétique et mixte qui est l'un des chefs de condamnation des poètes, l'autre étant naturellement l'immoralité de leurs sujets. Je rappelle seulement que les trois modes de *lexis* distingués par Platon correspondent, sur le plan de ce qu'on appellera plus tard des « genres » poétiques,

1. Bien entendu, les termes *logos* et *lexis* n'ont pas a priori cette valeur antithétique : hors contexte, les traductions les plus fidèles seraient « discours » et « diction ». C'est Platon lui-même (392 *c*) qui construit l'opposition, et la glose en *ha lekteon* (« ce qu'il faut dire ») et *hôs lekteon* (« comment il faut le dire »). Par la suite, on le sait, la rhétorique restreindra *lexis* au sens de « style ».

2. Voir *Figures II,* p. 50-56, et *Figures III,* p. 184-190.

à la tragédie et à la comédie pour le mimétique pur, à l'épopée pour le mixte, et « surtout » *(malista pou)* au dithyrambe (sans autre illustration) pour le narratif pur. A cela se réduit tout le « système » : de toute évidence, Platon n'envisage ici que les formes de la poésie « narrative » au sens large — la tradition ultérieure, après Aristote, dira plus volontiers, en intervertissant les termes, « mimétique » ou *représentative :* celle qui « rapporte » des événements, réels ou fictifs. Il laisse délibérement hors du champ toute poésie non représentative, et donc par excellence ce que nous appelons poésie lyrique, et a fortiori toute autre forme de littérature (y compris d'ailleurs toute éventuelle « représentation » en prose, comme notre roman ou notre théâtre moderne). Exclusion, non pas seulement de fait, mais bien de principe, puisque, je le rappelle, la représentation d'événements est ici la définition même de la poésie : il n'y a de poème que représentatif. Platon n'ignorait évidemment pas la poésie lyrique, mais il la forclôt ici par une définition délibérément restrictive. Restriction peut-être *ad hoc,* puisqu'elle facilite la mise au ban des poètes (excepté les lyriques ?), mais restriction qui va devenir, *via* Aristote et pour des siècles, l'article fondamental de la poétique classique.

En effet, la première page de la *Poétique* définit clairement la poésie comme l'art de l'imitation en vers (plus précisément : par le rythme, le langage et la mélodie), excluant explicitement l'imitation en prose (mimes de Sophron, dialogues socratiques) et le vers non imitatif — sans même mentionner la prose non imitative, telle que l'éloquence, à quoi est consacrée de son côté la *Rhétorique*. L'illustration choisie pour le vers non imitatif est l'œuvre d'Empédocle, et plus généralement celles « qui exposent au moyen de mètres... (par exemple) un sujet de médecine ou de physique », autrement dit la poésie didactique, qu'Aristote rejette envers et contre ce qu'il désigne comme une opinion commune (« on a coutume de les appeler poètes »). Pour lui, on le sait, et bien qu'il use du même mètre qu'Homère, « il conviendrait d'appeler Empédocle naturaliste plutôt que poète ». Quant aux poèmes que nous qualifierions de lyriques (ceux de Sapho ou de Pindare par exemple), il ne les mentionne ni ici, ni ailleurs dans la *Poétique :* ils sont manifestement hors de son champ comme ils l'étaient pour Platon. Les subdivisions ultérieures ne s'exerceront donc que dans le domaine rigoureusement circonscrit de la poésie représentative.

Leur principe est une croisée de catégories directement liées au fait même de la représentation : l'objet imité (question *quoi ?*) et la façon d'imiter (question *comment ?*). L'objet imité — nouvelle restriction — consiste uniquement en actions humaines, ou plus exactement en êtres humains agissants, qui peuvent être représentés soit supérieurs *(beltionas)*, soit égaux *(kat'hèmas)*, soit inférieurs *(kheironas)* à « nous », c'est-à-dire sans doute au commun des mortels [1]. La seconde classe ne trou-

1. La traduction et donc l'interprétation de ces termes engagent évidemment toute l'interprétation de ce versant de la *Poétique*. Leur sens courant est d'ordre nettement moral, et le contexte de leur première occurrence dans ce chapitre l'est également, qui distingue les caractères par le vice *(kakia)* et la vertu *(arètè)*; la tradition classique ultérieure tend plutôt à une interprétation de type social, la tragédie (et l'épopée) représentant des personnages de haute condition, la comédie de condition vulgaire, et il est bien vrai que

vera guère d'investissement dans le système, et le critère de contenu se réduira donc à l'opposition héros supérieurs *vs* héros inférieurs. Quant à la façon d'imiter, elle consiste soit à raconter (c'est la *haplè diègèsis* platonicienne), soit à « présenter les personnages en acte », c'est-à-dire à les mettre en scène agissants et parlants : c'est la *mimèsis* platonicienne, autrement dit la représentation dramatique. Ici encore, on le voit, une classe intermédiaire disparaît, du moins en tant que principe taxinomique : celle du mixte platonicien. À cette disparition près, ce qu'Aristote appelle « façon d'imiter » équivaut strictement à ce que Platon nommait *lexis :* nous n'en sommes pas encore à un système des genres; le terme le plus juste pour désigner cette catégorie est sans doute bien celui, employé par la traduction Hardy, de *mode :* il ne s'agit pas à proprement parler de « forme » au sens traditionnel, comme dans l'opposition entre vers et prose, ou entre les différents types de vers, il s'agit de *situations d'énonciation;* pour reprendre les termes mêmes de Platon, dans le mode narratif, le poète parle en son propre nom, dans le mode dramatique, ce sont les personnages eux-mêmes, ou plus exactement le poète déguisé en autant de personnages.

Aristote distingue en principe, dans le premier chapitre, trois types de différenciation entre les

---

la théorie aristotélicienne du héros tragique, que nous allons retrouver, s'accorde mal avec une définition purement morale de son excellence. « Supérieur » / « inférieur » est un compromis prudent, trop prudent peut-être, mais on hésite à faire ranger par Aristote un Œdipe ou une Médée parmi les héros « meilleurs » que la moyenne. La traduction Hardy, quant à elle, s'installe d'emblée dans l'incohérence en essayant les deux traductions à quinze lignes de distance (Les Belles Lettres, p. 31).

arts d'imitation : par l'objet imité et le mode d'imitation (ce sont les deux en cause ici), mais aussi par les « moyens » (trad. Hardy; littéralement, c'est la question « en quoi ? », au sens où l'on s'exprime « en gestes » ou « en paroles », « en grec » ou « en français », « en prose » ou « en vers », « en hexamètres » ou « en trimètres », etc.); c'est ce dernier niveau qui répond le mieux à ce que notre tradition nomme la *forme*. Mais il ne recevra aucun investissement véritable dans la *Poétique,* dont le système générique ne fait à peu près acception que d'objets et de modes.

Les deux catégories d'objet recoupées par les deux catégories de mode vont donc déterminer une grille de quatre classes d'imitation, à quoi correspondent proprement ce que la tradition classique appellera des genres. Le poète peut raconter ou mettre en scène les actions de personnages supérieurs, raconter ou mettre en scène les actions de personnages inférieurs[1]. Le dramatique supérieur définit la tragédie, le narratif supérieur l'épopée; au dramatique inférieur correspond la comédie, au narratif inférieur un genre plus mal déterminé, qu'Aristote ne nomme pas, et qu'il illustre tantôt par des « parodies »

1. De toute évidence, Aristote ne fait aucune différence entre le niveau de dignité (ou de moralité) des personnages et celui des actions, les considérant sans doute comme indissociablement liés — et ne traitant en fait les personnages que comme des supports d'action. Corneille semble avoir été le premier à rompre cette liaison, en inventant en 1650 pour *Don Sanche d'Aragon* (action non tragique en milieu noble) le sous-genre mixte de la « comédie héroïque » (qu'illustreront encore *Pulchérie* en 1671 et *Tite et Bérénice* en 1672), et en justifiant cette dissociation dans son *Discours du poème dramatique* (1660) par une critique explicite d'Aristote : « La poésie dramatique, selon lui, est une imitation des actions, et il s'arrête ici (au début de la *Poétique*) à la condition des personnes,

(*parôdiai*), aujourd'hui disparues, d'Hégémon et de Nicocharès, tantôt par un *Margitès* attribué à Homère, dont il déclare expressément qu'il est aux comédies ce que l'*Iliade* et l'*Odyssée* sont aux tragédies [1]. Cette case est donc évidemment celle de la narration comique, qui semble avoir été à l'origine essentiellement illustrée, quoi qu'il faille entendre par là, par des parodies d'épopées, dont l'héroï-comique *Batrachomyomachie* pourrait nous donner quelque idée, juste ou non. Le système aristotélicien des genres peut donc se figurer ainsi :

MODE / OBJET	DRAMATIQUE	NARRATIF
SUPÉRIEUR	tragédie	épopée
INFÉRIEUR	comédie	parodie

Comme on le sait de reste, la suite de l'ouvrage opérera sur cette croisée une série d'abandons ou

sans dire quelles doivent être ces actions. Quoi qu'il en soit, cette définition avait du rapport à l'usage de son temps, où l'on ne faisait parler dans la comédie que des personnes d'une condition très médiocre; mais elle n'a pas une entière justesse pour la nôtre, où les rois même y peuvent entrer, quand leurs actions ne sont point au-dessus d'elle. Lorsqu'on met sur la scène une simple intrigue d'amour entre des rois, et qu'ils ne courent aucun péril, ni de leur vie ni de leur État, je ne crois pas que, bien que les personnes soient illustres, l'action le soit assez pour s'élever jusqu'à la tragédie » (*Œuvres*, éd. Marty-Laveaux, t. I, p. 23-24). La dissociation inverse (action tragique en milieu vulgaire) donnera, au siècle suivant, le drame bourgeois.

1. 1447 *a*, 48 *b*, 49 *a*.

de dévalorisations meurtrières : du narratif inférieur, il ne sera plus question, de la comédie guère plus; les deux genres nobles resteront seuls en un face à face inégal, puisqu'une fois posé ce cadre taxinomique et à quelques pages près, la *Poétique,* ou du moins ce qui nous en reste, se réduit pour l'essentiel à une théorie de la tragédie. Cet aboutissement ne nous concerne pas pour lui-même. Observons du moins que ce triomphe de la tragédie n'est pas seulement le fait de l'inachèvement ou de la mutilation. Il résulte de valorisations explicites et motivées : supériorité, bien sûr, du mode dramatique sur le narratif (c'est le renversement bien connu du parti pris platonicien), proclamée à propos d'Homère dont l'un des mérites est d'intervenir le moins possible dans son poème en tant que narrateur, et de se faire aussi « imitateur » (c'est-à-dire dramaturge) que peut l'être un poète épique en laissant le plus souvent possible la parole à ses personnages [1] — éloge qui montre au passage qu'Aristote, bien qu'il ait supprimé la catégorie, n'ignore pas plus que Platon le caractère « mixte » de la narration homé-

1. 1460 *a*; en 1448 *b,* Aristote va jusqu'à nommer les épopées homériques « imitations dramatiques » *(mimèseis dramatikas),* et emploie à propos du *Margitès* l'expression « représenter dramatiquement le ridicule » *(to géloion dramatopoièsas).* Ces qualifications très fortes ne l'empêchent cependant pas de maintenir ces œuvres dans la catégorie générale du narratif (*mimeisthai apangellonta,* 1448 *a*). Et n'oublions pas qu'il ne les applique pas à l'épopée en général, mais à Homère seul (*monos,* en 1448 *b* comme en 1460 *a*). Pour une analyse plus poussée des motifs de cet éloge d'Homère et, plus généralement, de la différence entre les définitions platonicienne et aristotélicienne de la mimésis homérique, voir J. Lallot, « La *mimèsis* selon Aristote et l'excellence d'Homère », in *Écriture et Théorie poétiques,* op. cit. Du point de vue qui nous intéresse ici, ces différences peuvent être neutralisées sans inconvénient.

rique, et je reviendrai sur les conséquences de ce fait; supériorité formelle de la variété de mètres, et de la présence de la musique et du spectacle; supériorité intellectuelle de la « vive clarté, et à la lecture et à la représentation »; supériorité esthétique de la densité et de l'unité [1], mais aussi, et de façon plus surprenante, supériorité thématique de l'objet tragique.

Plus surprenante, parce que en principe, nous l'avons vu, les premières pages attribuent aux deux genres des objets non seulement égaux, mais identiques : à savoir la représentation de héros supérieurs. Cette égalité est encore — une dernière fois — proclamée en 1449 *b* : « l'épopée *va de pair (èkoloutèsen)* avec la tragédie en tant qu'elle est une imitation, à l'aide du mètre, d'hommes de haute valeur morale »; suit le rappel des différences de forme (mètre uniforme de l'épopée *vs* mètre varié de la tragédie), de la différence de mode et de la différence « d'étendue » (action de la tragédie enfermée dans la fameuse unité de temps d'une révolution du soleil); enfin, démenti subreptice à l'égalité d'objet officiellement accordée : « Quant aux éléments constitutifs, certains sont les mêmes, les autres sont propres à la tragédie. Aussi celui qui sait distinguer une bonne et une mauvaise tragédie sait faire aussi cette distinction pour l'épopée; car les éléments que renferme l'épopée sont dans la tragédie mais ceux de la tragédie ne sont pas dans l'épopée. » La valorisation, au sens propre, saute aux yeux, puisque ce texte attribue, sinon au poète tragique, du moins au connaisseur en tragédies, une supériorité auto-

1. 1462 *a, b*.

matique en vertu du principe *qui peut le plus peut le moins*. Le motif de cette supériorité peut sembler encore obscur ou abstrait : la tragédie comporterait, sans qu'aucune réciproque fût concédée, des « éléments constitutifs » *(mérè)* que ne comporte pas l'épopée. Qu'est-ce à dire ?

Littéralement, sans doute, que, parmi les six « éléments » de la tragédie (fable, caractères, élocution, pensée, spectacle et chant), les deux derniers lui sont spécifiques. Mais au-delà de ces considérations techniques, le parallèle laisse déjà pressentir que l'initiale définition commune à l'objet des deux genres ne suffira pas tout à fait — c'est le moins qu'on puisse dire — à définir l'objet de la tragédie : présomption confirmée, quelques lignes plus loin, par cette seconde définition qui a fait autorité pendant des siècles : « la tragédie est l'imitation d'une action de caractère élevé et complète, d'une certaine étendue, dans un langage relevé d'assaisonnements d'une espèce particulière suivant les diverses parties, imitation qui est faite par des personnages en action et non au moyen d'un récit, et qui, suscitant pitié et crainte, opère la purgation propre à pareilles émotions ».

Comme chacun le sait, la théorie de la *catharsis* tragique énoncée par la clause finale de cette définition n'est pas des plus claires, et son obscurité a entretenu des flots d'exégèse peut-être oiseuse. Pour nous en tout cas, l'important n'est pas dans cet effet, psychologique ou moral, des deux émotions tragiques : c'est la présence même de ces émotions dans la définition du genre, et l'ensemble des traits spécifiques désignés par Aristote comme nécessaires à leur production, et donc à l'existence d'une tragédie conforme à cette définition : enchaînement surprenant *(para tèn doxan)* et merveilleux *(thaumaston)* des faits, comme lorsque le hasard semble agir « à dessein »; « péripétie » ou « revirement » de l'action, comme lorsqu'une conduite aboutit à l'inverse du résultat escompté; « reconnaissance » de personnages dont l'identité avait été jusque-là ignorée ou masquée; malheur subi par un héros ni tout à fait innocent ni tout à fait coupable, à cause, non d'un véritable crime, mais d'une erreur funeste *(hamartia)*; action violente commise (ou mieux, sur le point d'être commise, mais évitée in extremis par la reconnaissance) entre êtres chers, de préférence unis par les liens du sang, mais qui ignorent la nature de leurs liens [1]... Tous ces critères, qui désignent les actions d'*Œdipe roi* ou de *Cresphonte* comme les plus parfaites actions tragiques et Euripide comme l'auteur le plus tragique, éminemment tragique, ou tragique par excellence *(tragikotatos)* [2], constituent bien une nouvelle définition de la tragédie, dont on ne peut tout à fait disposer en la disant simplement moins extensive et plus compréhensive que la première, car certaines incompatibilités sont un peu plus difficiles à réduire : ainsi, l'idée d'un héros tragique « ni tout à fait bon ni tout à fait mauvais » (selon la glose fidèle de Racine dans la préface d'*Andro-*

1. Chap. IX à XIV; un peu plus loin, il est vrai (1459 *b*), Aristote rétablira quelque peu l'équilibre en accordant à l'épopée les mêmes « parties » (éléments constitutifs) qu'à la tragédie, « sauf le chant et le spectacle », y compris « péripétie, reconnaissance et coups de malheur ». Mais le motif fondamental du tragique — terreur et pitié — lui reste étranger.

2. 1452 *a*, 53 *a*, 53 *b*, 54 *a*.

maque), mais essentiellement *faillible* (« bien loin d'être parfait, renchérit, toujours fidèlement à mon sens, la préface de *Britannicus,* il faut toujours qu'il ait quelque imperfection »), ou insuffisamment clairvoyant, ou, comme Œdipe et ce qui aboutit au même résultat, *trop clairvoyant*[1] — c'est le fameux et génial « œil en trop » de Hölderlin — pour éviter les pièges du destin, s'accorde mal avec le statut initial d'une humanité supérieure à la moyenne, à moins de priver cette supériorité de toute dimension morale ou intellectuelle, ce qui est peu compatible, on l'a vu, avec le sens courant de l'adjectif *beltiôn;* ainsi encore, lorsque Aristote exige[2] que l'action soit capable de susciter crainte et pitié en l'absence de toute représentation scénique et au simple énoncé des faits, il semble bien admettre par là même que le sujet tragique peut être dissocié du mode dramatique et confié à la simple narration sans pour autant devenir sujet épique.

Il y aurait donc du tragique hors tragédie, comme il y a sans doute des tragédies sans tragique, ou en tout cas moins tragiques que d'autres. Robortello, dans son Commentaire de 1548, estime que les conditions posées dans la *Poétique* ne se trouvent réalisées que dans le seul *Œdipe roi,* et résout cette difficulté doctrinale en soutenant que certaines de ces conditions ne sont pas nécessaires à la qualité

1. En fait, parce que, comme déjà Laios, *trop averti* (par l'oracle). Et donc, de toute manière, *trop prévoyant* et *trop prudent :* c'est le thème capital, ici tragique, parce qu'il y va de la mort, ailleurs (*L'École des femmes, Le Barbier de Séville*) comique, parce qu'il n'y va que de la déconvenue d'un barbon, de la précaution « inutile » — et même *nuisible,* ou, pour mieux dire en contexte tragique, *funeste,* ou *fatale.*

2. 1453 *b.*

d'une tragédie, mais seulement à sa perfection [1]. Cette distinction jésuitique aurait peut-être satisfait Aristote, car elle maintient l'unité apparente du concept de tragédie à travers la géométrie variable de ses définitions. En fait, bien sûr, il y a ici deux réalités distinctes : l'une à la fois modale et thématique, que posent les premières pages de la *Poétique,* et qui est le drame noble, ou sérieux, en opposition au récit noble (l'épopée) et au drame bas, ou gai (la comédie); cette réalité générique, qui englobe aussi bien *les Perses* qu'*Œdipe roi,* est alors traditionnellement baptisée *tragédie,* et Aristote ne songe évidemment pas à contester cette dénomination. L'autre est purement thématique, et d'ordre plutôt anthropologique que poétique : c'est le *tragique,* c'est-à-dire le sentiment de l'ironie du destin, ou de la cruauté des dieux; c'est elle que visent pour l'essentiel les chapitres VI à XIX. Ces deux réalités sont en relation d'intersection, et le terrain où elles se recouvrent est celui de la tragédie au sens (aristoté-

1. Rapporté dans son *Discours de la tragédie* (1660, *éd. cit.,* p. 59) par Corneille, qui applique plus loin (p. 66) cette distinction à deux exigences aristotéliciennes : la semi-innocence du héros et l'existence de liens intimes entre les antagonistes. « Quand je dis, ajoute-t-il, que ces deux conditions ne sont que pour les tragédies parfaites, je n'entends pas dire que celles où elles ne se rencontrent point soient imparfaites : ce serait les rendre d'une nécessité absolue, et me contredire moi-même. Mais par ce mot de tragédies parfaites j'entends celles du genre le plus sublime et le plus touchant, en sorte que celles qui manquent de l'une ou de l'autre de ces deux conditions, ou de toutes les deux, pourvu qu'elles soient régulières à cela près, ne laissent pas d'être parfaites dans leur genre, bien qu'elles demeurent dans un rang moins élevé et n'approchent pas de la beauté et de l'éclat des autres... » Bel exemple de ces arguties par lesquelles on « s'accommodait » (le mot est de Corneille lui-même, p. 60) transitoirement avec une orthodoxie que l'on osait déjà bousculer en fait, mais non encore en paroles.

licien) strict, ou tragédie par excellence, satisfaisant à toutes les conditions (coïncidence, revirement, reconnaissance, etc.) de production de la terreur et de la pitié, ou plutôt de ce mélange spécifique de terreur et de pitié que provoque au théâtre la manifestation cruelle du destin.

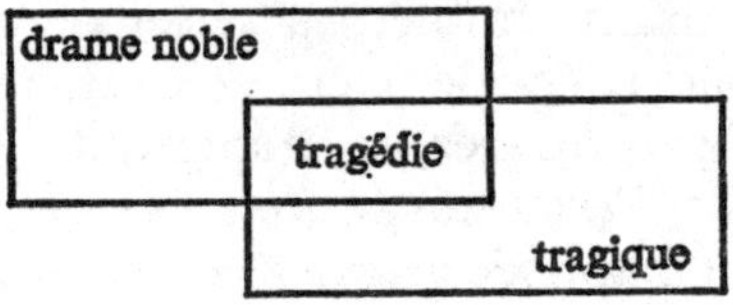

En termes de système des genres, la tragédie est donc une spécification thématique du drame noble, tout comme pour nous le vaudeville est une spécification thématique de la comédie, ou le roman policier une spécification thématique du roman. Distinction évidente pour tous après Diderot, Lessing ou Schlegel, mais qu'a masquée pendant des siècles une équivoque terminologique entre le sens large et le sens étroit du mot *tragédie*. De toute évidence, Aristote adopte successivement l'un et l'autre sans trop se soucier de leur différence, et sans se douter, j'espère, de l'imbroglio théorique où son insouciance allait jeter, bien des siècles plus tard, quelques poéticiens piégés à cette confusion, et naïvement acharnés à appliquer et faire appliquer à l'ensemble d'un genre les normes qu'il avait dégagées pour une de ses espèces.

III

Mais revenons au système initial, que cette mémorable digression sur le tragique déborde apparemment sans le répudier : on a vu qu'il ne faisait et ne pouvait par définition faire aucune place au poème lyrique. Mais on a vu aussi qu'il oubliait ou semblait oublier au passage la distinction platonicienne entre le mode narratif pur, illustré par le dithyrambe, et le mode mixte illustré par l'épopée. Ou plus exactement, je le rappelle une dernière fois, Aristote reconnaît parfaitement — et *valorise* — le caractère mixte du mode épique : ce qui disparaît chez lui, c'est le statut du dithyrambe, et du même coup le besoin de distinguer entre narratif pur et narratif impur. Dès lors, et si peu qu'elle le soit et doive l'être, on rangera l'épopée parmi les genres narratifs : après tout, il y suffit à la limite d'un mot introductif assumé par le poète, quand bien même toute la suite ne serait que dialogue — de même qu'il suffira quelque vingt-cinq siècles plus tard de l'absence d'une telle introduction pour constituer le « monologue intérieur », procédé presque aussi vieux que le récit, en « forme » romanesque à part entière. En somme, si pour Platon l'épopée relevait du mode mixte, pour Aristote elle relève du mode narratif, *quoique essentiellement mixte ou impure,* ce qui signifie évidemment que le critère de pureté n'a plus de pertinence.

Il se passe là — entre Platon et Aristote — quelque chose que nous avons du mal à apprécier, entre autres parce que le corpus dithyrambique nous fait cruellement défaut. Mais le ravage des siècles n'en est sans doute pas seul responsable : Aristote parle déjà de ce genre comme au passé, et il a sans doute quelques raisons de le négliger *quoique narratif,* et pas seulement, par parti pris mimétiste, *parce que purement narratif.* Et nous savons bien d'expérience que le narratif pur (*telling* sans *showing,* dans les termes de la critique américaine) est un pur possible, presque dénué d'investissement au niveau d'une œuvre entière, et a fortiori d'un genre : on citerait difficilement une nouvelle sans dialogue et, pour l'épopée ou le roman, la chose est hors de question. Si le dithyrambe est un genre fantôme, le narratif pur est un mode fictif, ou du moins purement « théorique », et son abandon est *aussi* chez Aristote une manifestation caractérisée d'empirisme.

Reste pourtant, si l'on compare le système des modes selon Platon et Aristote, qu'une case du tableau s'est vidée (et du coup perdue) en route. A la triade platonicienne

narratif	mixte	dramatique

s'est substitué le couple aristotélicien

	narratif	dramatique

et ce, non par éviction du mixte : c'est le narratif pur qui disparaît parce qu'inexistant, et le mixte qui s'intronise narratif, comme seul narratif existant.

Il y a là, dira le lecteur perspicace, une place à prendre, et la suite se devine aisément, surtout quand on connaît déjà la fin. Mais ne brûlons pas trop d'étapes.

IV

Pendant plusieurs siècles[1], la réduction platonico-aristotélicienne du poétique au représentatif va peser sur la théorie des genres et y entretenir le malaise ou la confusion. La notion de poésie lyrique n'est évidemment pas ignorée des critiques alexandrins, mais elle n'est pas mise en paradigme avec celles de poésie épique et dramatique, et sa définition est encore purement technique (poèmes accompagnés à la lyre), et restrictive : Aristarque, au IIIe-IIe siècle avant, dresse une table de neuf poètes lyriques (dont Alcée, Sapho, Anacréon et Pindare), qui restera longtemps canonique, et qui exclut par exemple l'iambe et le distique élégiaque. Chez Horace, pourtant lui-même lyrique et satiriste, l'*Art poétique* se réduit, en fait de genres, à un éloge d'Homère et à un exposé des règles du poème dramatique. La liste de lectures grecques et latines conseillées par Quintilien au futur orateur mentionne, outre l'histoire, la philosophie et naturellement l'éloquence, sept genres poétiques : l'épopée (qui englobe ici toutes les sortes de poèmes narratifs, descriptifs ou didactiques, dont ceux d'Hésiode, de Théocrite, de

1. Les indications historiques qui suivent sont en grande partie empruntées à : E. Faral, *Les Arts poétiques du moyen âge,* Champion, 1924; I. Behrens, *op. cit.;* A. Warren, *op. cit.;* M. H. Abrams, *The Mirror and the Lamp,* Oxford, 1953; M. Fubini, « Genesi e storia dei generi litterari » (1951), in *Critica e poesia,* Bari, 1966; R. Wellek, « Genre Theory, the Lyric, and *Erlebnis* » (1967), in *Discriminations,* Yale, 1970; P. Szondi, « La théorie des genres poétiques chez F. Schlegel » (1968), in *Poésie et Poétique de l'idéalisme allemand,* Minuit, 1975; W. V. Ruttkovski, *Die Literarischen Gattungen,* Francke, Berne, 1968; C. Guillen, « Literature as System » (1970), in *Literature as System,* Princeton, 1971.

Lucrèce), la tragédie, la comédie, l'élégie (Callimaque, les élégiaques latins), l'iambe (Archiloque, Horace), la satire (« *tota nostra* » : Lucilius et Horace), et le poème lyrique, illustré entre autres par Pindare, Alcée et Horace; autrement dit, le lyrique n'est ici qu'un genre non narratif et non dramatique parmi d'autres, et il se réduit en fait à une forme, qui est l'ode.

Mais la liste de Quintilien n'est évidemment pas un *art poétique,* puisqu'elle comporte des œuvres en prose. Les tentatives ultérieures de systématisation, à la fin de l'Antiquité et au Moyen Age, s'efforcent d'intégrer la poésie lyrique aux systèmes de Platon ou d'Aristote sans modifier leurs catégories. Ainsi Diomède (fin du IVe siècle) rebaptise « genres » *(genera)* les trois modes platoniciens, et y répartit tant bien que mal les « espèces » *(species)* que nous appellerions genres : le *genus imitativum* (dramatique) où seuls parlent les personnages, comprend les espèces tragique, comique, satyrique (c'est le drame satyrique des anciennes tétralogies grecques, que Platon et Aristote ne mentionnaient pas); le *genus ennarativum* (narratif), où seul parle le poète, comprend les espèces narrative proprement dite, sententieuse (gnomique ?) et didactique; le *genus commune* (mixte), où parlent alternativement l'un et les autres, les espèces héroïque (épopée) et... lyrique (Archiloque et Horace). Proclus (Ve siècle) supprime, comme Aristote, la catégorie mixte, et range avec l'épopée dans le genre narratif l'iambe, l'élégie et le « mélos » (lyrisme). Jean de Garlande (fin XIe-début XIIe) revient au système de Diomède.

Les arts poétiques du XVIe siècle renoncent généralement à tout système et se contentent de juxtaposer les espèces. Ainsi Peletier du Mans (1555) : épigramme, sonnet, ode, épître, élégie, satire, comédie, tragédie, « œuvre héroïque »; ou Vauquelin de La Fresnaye (1605) : épopée, élégie, sonnet, iambe, chanson, ode, comédie, tragédie, satire, idylle, pastorale; ou Philip Sidney (*An Apologie for Poetrie*, 1580) : héroïque, lyrique, tragique, comique, satirique, iambique, élégiaque, pastoral, etc. Les grandes Poétiques du classicisme, de Vida à Rapin, sont essentiellement, comme on le sait, des commentaires d'Aristote, où se perpétue l'infatigable débat sur les mérites comparés de la tragédie et de l'épopée, sans que l'émergence, au XVIe siècle, de genres nouveaux comme le poème héroïco-romanesque, le roman pastoral, la pastorale dramatique ou la tragi-comédie, trop facilement réductibles aux modes narratif ou dramatique, réussissent à vraiment modifier le tableau. La reconnaissance *de facto* des diverses formes non représentatives et le maintien de l'orthodoxie aristotélicienne se concilieront tant bien que mal dans la vulgate classique en une distinction commode entre les « grands genres » et... les autres, dont témoigne parfaitement (quoique implicitement) la disposition de l'*Art poétique* de Boileau (1674) : le chant III traite de la tragédie, de l'épopée et de la comédie; le chant II aligne, sans aucune catégorisation d'ensemble, comme chez les prédécesseurs du XVIe siècle, idylle, élégie, ode, sonnet, épigramme, rondeau, madrigal, ballade, satire, vaudeville et chanson[1]. La même année, Rapin thématise et

1. Rappelons que les chants I et IV sont consacrés à des considérations transgénériques. Et, au passage, que certains malentendus, pour ne pas dire contresens, sur la « doctrine classique » tiennent à une généralisation abusive de « préceptes » spécifiques passés en

accentue cette division : « La Poétique générale peut être distinguée en trois diverses espèces de Poème parfait, en l'Épopée, la Tragédie et la Comédie, et ces trois espèces peuvent se réduire à deux seulement dont l'une consiste dans l'action et l'autre dans la narration. Toutes les autres espèces dont Aristote fait mention (?) peuvent se réduire à ces deux-là : la Comédie au Poème dramatique, la Satire à la Comédie, l'Ode et l'Églogue au Poème héroïque. Car le Sonnet, le Madrigal, l'Épigramme, le Rondeau, la Ballade, ne sont que des espèces du Poème imparfait[1]. » En somme, les genres non représentatifs n'ont le choix qu'entre l'annexion valorisante (la satire à la comédie et donc au poème dramatique, l'ode et l'églogue à l'épopée) et le rejet dans les ténèbres extérieures, ou si l'on préfère dans les limbes de l'« imperfection ». Rien sans doute ne commente mieux cette évaluation ségrégative que l'aveu découragé de René Bray, lorsque après avoir étudié les théories classiques des « grands genres », puis tenté de rassembler quelques indications sur la poésie bucolique, l'élégie, l'ode, l'épigramme et la satire, il s'interrompt brusquement : « Mais cessons de glaner une si pauvre doctrine. Les théoriciens ont eu trop de mépris pour tout ce qui n'est pas les grands genres. La tragédie, le poème héroïque, voilà ce qui a retenu leur attention[2]. »

---

proverbes hors contexte et donc hors pertinence : ainsi, chacun sait qu'« un beau désordre est un effet de l'art »; mais voilà un alexandrin de dix pieds, que l'on complète volontiers par un « Souvent » aussi apocryphe qu'évasif. Le vrai début est : « Chez elle ». Chez qui ? Réponse chant II, v. 68-72.

1. *Réflexions sur la Poétique,* 1674, 2e partie, chap. 1.

2. *Formation de la doctrine classique* (1927), Nizet, 1966, p. 354.

A côté, ou plutôt donc au-dessous des grands genres narratifs et dramatiques, c'est une poussière de petites formes, dont l'infériorité ou l'absence de statut poétique tient un peu à l'exiguïté réelle de leurs dimensions et supposée de leur objet, et beaucoup à l'exclusive séculaire jetée sur tout ce qui n'est pas « imitation d'hommes agissants ». L'ode, l'élégie, le sonnet, etc., n'« imitent » aucune action puisqu'en principe ils ne font qu'énoncer, comme un discours ou une prière, les idées ou les sentiments, réels ou fictifs, de leur auteur. Il n'y a donc que deux façons concevables de les promouvoir à la dignité poétique : la première maintient, en l'élargissant quelque peu, le dogme classique de la *mimèsis* et s'efforce de montrer que ce type d'énoncés est encore à sa manière une « imitation »; la seconde consiste, plus radicalement, à rompre avec le dogme et à proclamer l'égale dignité poétique d'une expression non représentative. Ces deux gestes nous semblent aujourd'hui antithétiques et logiquement incompatibles. En fait, ils vont se succéder et s'enchaîner presque sans heurt, le premier préparant et couvrant le second, comme il arrive que les réformes fassent le « lit » des révolutions.

V

L'idée de fédérer toutes les sortes de poème non mimétique pour les constituer en tiers parti sous le nom commun de poésie lyrique n'est pas tout à fait inconnue de l'âge classique : elle y est seulement marginale et pour ainsi dire hétérodoxe. La première occurrence relevée par Irene Behrens se trouve chez l'Italien Minturno, pour qui « la poésie se divise en trois parties, dont l'une s'appelle scénique, l'autre lyrique, la troisième épique [1] ». Cervantes, au chapitre 47 du *Quichotte,* prête au curé une quadripartition où la poésie scénique s'est scindée en deux : « l'écriture décousue (des romans de chevalerie) donne lieu à un auteur de se pouvoir montrer épique, lyrique, tragique, comique ». Milton croit trouver chez Aristote, chez Horace et dans les « commentaires italiens de Castelvetro, Tasso, Mazzoni et autres » les règles « d'un vrai poème épique, dramatique ou lyrique » : premier exemple, à ma connaissance, de notre attribution abusive [2]. Dryden distingue trois « manières » *(ways) :* dramatique, épique, lyrique [3]. Gravina consacre un chapitre de sa *Ragion poetica* (1708) à l'épique et au dramatique, le suivant au lyrique. Houdar de la Motte, qui est un « moderne » au sens de la Querelle, met en parallèle les trois catégories et se qualifie lui-même de « poète épique, dramatique et lyrique à la fois [4] ». Enfin Baumgarten, dans un texte de 1735 qui ébauche ou préfigure son *Esthétique,* évoque « le lyrique, l'épique, le dramatique et leurs subdivisions génériques [5] ». Et cette énumération ne se prétend pas exhaustive.

Mais aucune de ces propositions n'est véritablement motivée et théorisée. Le plus ancien effort en ce sens semble avoir été le fait de l'Espagnol Francisco Cascales, dans ses *Tablas poeticas* (1617) et

1. *De Poeta,* 1559; même division dans son *Arte poetica* en italien de 1563.
2. *Treatise of Education,* 1644.
3. Préface à l'*Essay of Dramatic Poetry,* 1668.
4. *Réflexions sur la critique,* 1716, p. 166.
5. *Lyricum, epicum, dramaticum cum subdivis generibus* (*Meditationes philosophicae de nonnullis ad poema pertinentibus,* 1735, § 106).

Cartas philologicas (1634) : le lyrique, dit Cascales à propos du sonnet, a pour « fable » non une action, comme l'épique et le dramatique, mais une pensée *(concepto)*. La distorsion imposée ici à l'orthodoxie est significative : le terme de *fable (fábula)* est aristotélicien, celui de *pensée* pourrait correspondre au terme, également aristotélicien, de *dianoia*. Mais l'idée qu'une pensée puisse servir de fable à quoi que ce soit est totalement étrangère à l'esprit de la *Poétique*, qui définit expressément la fable *(muthos)* comme l'« assemblage des actions [1] », et où la *dianoia* (« ce que les personnages disent pour démontrer quelque chose ou déclarer ce qu'ils décident ») ne recouvre guère que l'appareil d'argumentation desdits personnages; Aristote rejette donc fort logiquement son étude « dans les traités consacrés à la rhétorique [2] ». Quand bien même on en étendrait, comme Northrop Frye [3], la définition à la pensée du poète lui-même, il est évident que tout cela ne saurait constituer une fable au sens aristotélicien. Cascales couvre encore d'un vocabulaire orthodoxe une idée qui l'est déjà aussi peu que possible, à savoir qu'un poème, comme un discours ou une lettre, peut avoir pour sujet une pensée ou un sentiment que, simplement, il expose ou exprime. Cette idée, qui nous est aujourd'hui plus que banale, est restée pendant des siècles, non pas sans doute impensée (aucun poéticien ne pouvait ignorer l'immense corpus qu'elle recouvre), mais presque systématiquement refoulée,

1. 1450 *a;* cf. 51 *b :* « Le poète doit être artisan de fables plutôt qu'artisan de vers, vu qu'il est poète à raison de l'imitation et qu'il imite les actions. »
2. 1456 *a*.
3. *Anatomie*, p. 70-71.

parce que impossible à intégrer au système d'une poétique fondée sur le dogme de l'« imitation ».

L'effort de Batteux — dernier effort de la poétique classique pour survivre en s'ouvrant à ce qu'elle n'avait jamais pu ni ignorer ni accueillir — consistera donc à tenter cet impossible, en maintenant l'imitation comme principe unique de toute poésie, comme de tous les arts, mais en étendant ce principe à la poésie lyrique elle-même. C'est l'objet de son chapitre 13, « Sur la poésie lyrique ». Batteux reconnaît d'abord qu'à l'examiner superficiellement « elle paraît se prêter moins que les autres espèces au principe général qui ramène tout à l'imitation ». Ainsi, dit-on, les psaumes de David, les odes de Pindare et d'Horace ne sont que « feu, sentiment, ivresse... chant qu'inspire la joie, l'admiration, la reconnaissance... cri du cœur, élan où la nature fait tout et l'art rien ». Le poète, donc, y exprime ses sentiments et n'y imite rien. « Ainsi deux choses sont vraies : la première, que les poésies lyriques sont de vrais poèmes; la seconde, que ces poésies n'ont point le caractère de l'imitation. » En fait, répond Batteux, cette pure expression, cette vraie poésie sans imitation, ne se trouve que dans les cantiques sacrés. C'est Dieu lui-même qui les dictait, et Dieu « n'a pas besoin d'imiter, il crée ». Les poètes au contraire, qui ne sont que des hommes, « n'ont d'autre secours que celui de leur génie naturel, qu'une imagination échauffée par l'art, qu'un enthousiasme de commande. Qu'ils aient eu un sentiment réel de joie, c'est de quoi chanter, mais un couplet ou deux seulement. Si on veut plus d'étendue, c'est à l'art à coudre à la pièce de nouveaux sentiments qui ressemblent aux premiers. Que la nature allume le feu; il faut au moins que l'art le nourrisse et l'entretienne. Ainsi l'exemple des prophètes, qui chantaient sans imiter, ne peut tirer à conséquence contre les poètes imitateurs. » Les sentiments exprimés par les poètes sont donc, au moins en partie, des sentiments feints par art, et cette partie emporte le tout, puisqu'elle montre qu'il est *possible* d'exprimer des sentiments fictifs, comme le prouvait d'ailleurs depuis toujours la pratique du drame ou de l'épopée : « Tant que l'action (y) marche, la poésie est épique ou dramatique; dès qu'elle s'arrête, et qu'elle ne peint que la seule situation de l'âme, le pur sentiment qu'elle éprouve, elle est de soi lyrique : il ne s'agit que de lui donner la forme qui lui convient pour être mise en chant. Les monologues de Polyeucte, de Camille, de Chimène sont des morceaux lyriques; et si cela est, pourquoi le sentiment, qui est sujet à l'imitation dans un drame, n'y serait-il pas dans une ode ? Pourquoi imiterait-on la passion dans une scène, et qu'on ne pourrait pas l'imiter dans un chant ? Il n'y a donc point d'exception. Tous les poètes ont le même objet, qui est d'imiter la nature, et ils ont tous la même méthode à suivre pour l'imiter. » La poésie lyrique est donc elle aussi imitation : elle imite des sentiments. Elle « pourrait être regardée comme une espèce à part, sans faire tort au principe où les autres se réduisent. Mais il n'est pas besoin de les séparer : elle entre naturellement et même nécessairement dans l'imitation, avec une seule différence qui la caractérise et la distingue : c'est son objet particulier. Les autres espèces de poésie ont pour objet principal les actions; la poésie lyrique est toute consacrée aux sentiments : c'est sa matière, son objet essentiel. »

Voilà donc la poésie lyrique intégrée à la poétique classique. Mais, comme on a pu le voir, cette intégration n'est pas allée sans deux distorsions fort sensibles, de part et d'autre : d'un côté, il a fallu passer sans le dire d'une simple *possibilité* d'expression fictive à une fictivité *essentielle* des sentiments exprimés, ramener tout poème lyrique au modèle rassurant du monologue tragique, pour introduire au cœur de toute création lyrique cet écran de fiction sans quoi l'idée d'imitation ne pourrait s'y appliquer; de l'autre, il a fallu, comme le faisait déjà Cascales, passer du terme orthodoxe « imitation d'actions » à un terme plus large : imitation tout court. Comme le dit encore Batteux lui-même, « dans la poésie épique et dramatique, on imite les actions et les mœurs; dans le lyrique, on chante les sentiments ou les passions imitées [1] ». La dissymétrie reste évidente, et avec elle la trahison subreptice d'Aristote. Une (pré)caution supplémentaire sera donc de ce côté-là bien nécessaire, et c'est à quoi tend l'addition du chapitre « Que cette doctrine est conforme à celle d'Aristote ».

Le principe de l'opération est simple, et nous le connaissons déjà : il consiste à tirer d'une remarque stylistique assez marginale une tripartition des genres poétiques en dithyrambe, épopée, drame, qui ramène Aristote au point de départ platonicien, puis à interpréter le dithyrambe comme un exemple de genre lyrique, ce qui permet d'attribuer à la *Poétique* une triade à laquelle ni Platon ni Aristote n'avaient jamais songé. Mais il faut aussitôt ajouter que ce

1. Chapitre « Sur la poésie lyrique », *in fine*. Accessoirement, le passage (par-dessus le silence classique) du *concepto* de Cascales aux *sentiments* de Batteux mesure bien la distance entre l'intellectualisme baroque et le sentimentalisme préromantique.

détournement générique n'est pas sans arguments sur le plan modal : la définition initiale du mode narratif pur, rappelons-le, était que le poète y constitue le seul sujet d'énonciation, gardant le monopole du discours sans jamais le céder à aucun de ses personnages. C'est bien aussi ce qui se passe en principe dans le poème lyrique, à cette seule différence près que le discours en question n'y est pas essentiellement narratif. Si l'on néglige cette clause pour définir les trois modes platoniciens en termes de pure énonciation, on obtient cette tripartition :

énonciation réservée au poète	énonciation alternée	énonciation réservée aux personnages

La première situation ainsi définie peut être aussi bien purement narrative, ou purement « expressive », ou mêler, en quelque proportion que ce soit, les deux fonctions. En l'absence, déjà reconnue, d'un véritable genre purement narratif, elle est donc toute désignée pour accueillir toute espèce de genre voué de manière dominante à l'expression, sincère ou non, d'idées ou de sentiments : fourre-tout négatif (tout ce qui n'est ni narratif ni dramatique)[1], que la

1. Mario Fubini *(op. cit.)* cite cette phrase révélatrice d'une adaptation italienne des *Leçons de rhétorique et des Belles Lettres* de Blair (1783; « Compendiate dal P. Soave, Parma, 1835 », p. 211) : « On distingue communément trois genres de poésie : l'épique, la dramatique et la lyrique, en comprenant sous cette dernière tout ce qui n'appartient pas aux deux premières. » Sauf erreur, cette réduction n'est nulle part chez Blair lui-même, qui, plus proche de l'orthodoxie classique, distinguait poésie dramatique, épique, lyrique, pastorale, didactique, descriptive et... hébraïque.

qualification de lyrique couvrira de son hégémonie, et de son prestige. D'où le tableau attendu :

lyrique	épique	dramatique

On objectera justement à une telle « accommodation » que cette définition modale du lyrique ne peut s'appliquer aux monologues dits « lyriques » du théâtre, style Stances de Rodrigue, auxquels Batteux tient tant pour la raison que l'on a vue, et où le sujet d'énonciation n'est pas le poète. Aussi faut-il rappeler qu'elle n'est pas le fait de Batteux, qui ne se soucie nullement de modes, non plus d'ailleurs que ses successeurs romantiques. Ce compromis (trans)historique, jusqu'alors « rampant », ne s'est déclaré qu'au XXe siècle, quand la situation d'énonciation est revenue sur le devant de la scène pour les raisons plus générales que l'on sait. Entre-temps, le cas délicat du « monologue lyrique » était passé au second plan. Bien entendu, il reste entier, et démontre pour le moins que les définitions modale et générique ne coïncident pas toujours : modalement, c'est toujours Rodrigue qui parle, que ce soit pour chanter son amour ou pour provoquer Don Gormas ; génériquement, ceci est « dramatique » et cela (avec ou sans marques formelles de mètres et/ou de strophes) est « lyrique », et la distinction, une fois de plus, est d'ordre (partiellement) thématique : tout monologue n'est pas reçu comme lyrique (on ne considérera pas comme tel celui d'Auguste au Ve acte de *Cinna,* bien que son intégration dramatique ne soit pas supérieure à celle des Stances de Rodrigue, l'un comme l'autre conduisant bien à une décision), et inversement un dialogue d'amour (« O miracle d'amour!/O comble de misères... ») le sera volontiers.

VI

Le nouveau système s'est donc substitué à l'ancien par un subtil jeu de glissements, de substitutions et de réinterprétations inconscientes ou inavouées, qui permet de le présenter, non sans abus mais sans scandale, comme « conforme » à la doctrine classique : exemple typique d'une démarche de transition, ou comme on dit ailleurs, de « révision », ou de « changement dans la continuité ». De l'étape suivante, qui marquera le véritable (et apparemment définitif) abandon de l'orthodoxie classique, nous trouvons un témoignage sur les traces mêmes de Batteux, dans les objections faites à son système par son propre traducteur allemand, Johann Adolf Schlegel[1], qui est aussi — heureuse rencontre — le propre père des deux grands théoriciens du romantisme. Voici en quels termes Batteux lui-même résume, puis réfute ces objections : « M. Schlegel prétend que le principe de l'imitation n'est pas universel dans la poésie... Voici en peu de mots le raisonnement de M. Schlegel. L'imitation de la nature n'est pas le principe unique en fait de poésie, si la nature même peut être sans imitation l'objet de la poésie. Or la nature, etc. Donc... » Et plus loin : « M. Schlegel ne peut comprendre comment l'ode ou la poésie lyrique peut

1. *Einschränkung der schönen Künste auf einen einzigen Grundsatz*, 1751. La réponse de Batteux est dans la réédition de 1764, en notes au chapitre « Sur la poésie lyrique ».

se rappeler *(sic)* au principe universel de l'imitation : c'est sa grande objection. Il veut qu'en une infinité de cas le poète chante ses sentiments réels, plutôt que des sentiments imités. Cela se peut, j'en conviens même dans ce chapitre qu'il attaque. Je n'avais à y prouver que deux choses : la première, que les sentiments peuvent être feints comme les actions ; qu'étant partie de la nature, ils peuvent être imités comme le reste. Je crois que M. Schlegel conviendra que cela est vrai. La seconde, que tous les sentiments exprimés dans le lyrique, feints ou vrais, doivent être soumis aux règles de l'imitation poétique, c'est-à-dire qu'ils doivent être vraisemblables, choisis, soutenus, aussi parfaits qu'ils peuvent l'être en leur genre, et enfin rendus avec toutes les grâces et toute la force de l'expression poétique. C'est le sens du principe de l'imitation, c'en est l'esprit. »

Comme on le voit, la rupture essentielle s'exerce ici dans un infime déplacement d'équilibre : Batteux et Schlegel s'accordent manifestement (et de toute nécessité) pour reconnaître que les « sentiments » exprimés dans un poème lyrique peuvent être ou feints ou authentiques ; pour Batteux, il suffit que ces sentiments *puissent être feints* pour que l'ensemble du genre lyrique reste soumis au principe d'imitation (car pour lui comme pour toute la tradition classique, rappelons-le au passage, imitation n'est pas reproduction, mais bien fiction : imiter, c'est *faire semblant*) ; pour Schlegel, il suffit qu'ils *puissent être authentiques* pour que l'ensemble du genre lyrique échappe à ce principe, qui perd donc aussitôt son rôle de « principe unique ». Ainsi bascule toute une poétique, et toute une esthétique.

La glorieuse triade va dominer toute la théorie littéraire du romantisme allemand — et donc bien au-delà —, mais non sans subir à son tour quelques nouvelles réinterprétations et mutations internes. Friedrich Schlegel, qui ouvre apparemment le feu, conserve ou retrouve la répartition platonicienne, mais en lui donnant une nouvelle signification : la « forme » lyrique, écrit-il à peu près (je reviens à l'instant sur la teneur précise de cette note) en 1797, est *subjective,* la dramatique est *objective,* l'épique est *subjective-objective*. Ce sont bien les termes de la division platonicienne (énonciation par le poète, par ses personnages, par l'un et les autres), mais le choix des adjectifs déplace évidemment le critère du plan en principe purement technique de la situation énonciative vers un plan plutôt psychologique ou existentiel. D'autre part, la division antique ne comportait aucune dimension diachronique : aucun des modes, ni pour Platon ni pour Aristote, n'apparaissait, en droit ou en fait, comme historiquement antérieur aux autres; elle ne comportait pas davantage, par elle-même, d'indication valorisante : aucun des modes n'était en principe supérieur aux autres, et de fait, comme on le sait déjà, les partis pris de Platon et d'Aristote étaient, sur le même système, diamétralement opposés. Il n'en va plus de même chez Schlegel, pour qui d'abord la « forme » mixte, en tout cas, est manifestement postérieure aux deux autres : « La poésie de nature est ou bien subjective ou bien objective, le même mélange n'est pas encore possible pour l'homme à l'état de nature » : il ne peut donc s'agir d'un état syncrétique originel[1] d'où se seraient dégagées ultérieurement des formes plus simples ou plus pures; au contraire, l'état mixte est explicitement valorisé comme tel : « Il existe une *forme* épique, une *forme* lyrique, une *forme* dramatique, sans l'esprit des anciens genres poétiques qui ont porté ces noms, mais séparées entre elles par une différence déterminée et éternelle. — En tant que *forme,* l'épique l'emporte manifestement. Elle est subjective-objective. La forme *lyrique* est seulement *subjective,* la forme *dramatique* seulement *objective*[2]. » Une autre note, de 1800, confirmera : « Épopée = subjectif-objectif, drame = objectif, lyrisme = subjectif[3]. » Mais Schlegel semble avoir quelque peu hésité sur cette répartition, car une troisième note, de 1799, attribuait l'état mixte au drame : « Épopée = poésie objective, lyrisme = poésie subjective, drame = poésie objective-subjective[4]. » Selon Peter Szondi,

1. Comme le supposait par exemple Blair (*op. cit.,* trad. fr., 1845, t. II, p. 110), pour qui « dans l'enfance de l'art, les différents genres de poésie étaient confondus et, suivant le caprice ou l'enthousiasme du poète, se trouvaient mélangés dans la même composition. Ce n'est qu'avec les progrès de la société et des sciences qu'ils prirent successivement des formes plus régulières et qu'on leur donna les noms par lesquels nous les désignons aujourd'hui » (ce qui ne l'empêche pas d'avancer aussitôt que les « premières compositions eurent sans doute la forme (lyrique) des odes et des hymnes »). On sait que Goethe trouvera dans la ballade l'*Ur-Ei* générique, matrice indifférenciée de tous les genres ultérieurs, et que selon lui, encore « dans l'ancienne tragédie grecque, nous trouvons aussi les trois genres réunis, c'est au bout d'un certain laps de temps seulement qu'ils se séparent » (Note au *West-östlicher Diwan,* voir plus loin, p. 67).

2. *Kritische F. S. Ausgabe,* éd. E. Behler, Paderborn-Munich-Vienne, 1958, frag. 322; la datation est selon R. Wellek.

3. *Literary Notebooks 1797-1801,* éd. H. Eichner, Toronto-Londres, 1957, nº 2065.

4. *Ibid.,* nº 1750.

l'hésitation tient à ce que Schlegel envisage ici une diachronie restreinte, celle de l'évolution de la poésie grecque, qui culmine dans la tragédie attique, et là une diachronie beaucoup plus vaste, celle de l'évolution de la poésie occidentale, qui culmine dans un « épique » entendu comme roman (romantique)[1].

La valorisation dominante semble bien de ce côté-là chez Schlegel, et l'on ne s'en étonnera pas. Mais elle n'est pas partagée par Hölderlin dans les fragments qu'il consacre, à peu près au même moment[2], à la question des genres : « Le poème lyrique, note-t-il, idéal selon l'apparence, est naïf par sa signification. C'est une métaphore continue d'un sentiment unique. Le poème épique, naïf selon l'apparence, est héroïque par sa signification. C'est la métaphore de grandes volontés. Le poème tragique, héroïque selon l'apparence, est idéal par sa signification. C'est la métaphore d'une intuition intellectuelle[3]. » Ici encore, l'ordre adopté semblerait indiquer une gradation, en l'occurrence favorable au dramatique (« poème tragique »), mais le contexte hölderlinien suggère plutôt, bien sûr, celle du lyrique, explicitement désigné dès 1790, sous l'espèce de l'ode pindarique, comme union de

1. P. Szondi, *op. cit.*, p. 131-133. Encore Schlegel réintroduit-il au moins une fois, à l'intérieur même du genre romanesque et selon une structure en abyme que nous retrouverons chez d'autres, la tripartition fondamentale, distinguant « dans les romans un genre lyrique, un genre épique et un genre dramatique » (*Lit. Not.*, nº 1063, cité par Szondi, p. 261), sans qu'on puisse à coup sûr inférer de cet ordre un nouveau schéma diachronique, qui anticiperait en ce cas (voir ci-dessous) celui que proposera Schelling et que retiendra la vulgate.

2. Pendant son séjour à Hombourg, entre septembre 1798 et juin 1800.

3. *Sämtliche Werke*, éd. Beissner, Stuttgart, 1943, IV, 266, cité par Szondi, p. 248.

l'*exposition* épique et de la *passion* tragique [1], et un autre fragment de l'époque de Hombourg récuse toute hiérarchie, et même toute succession, en établissant entre les trois genres une chaîne sans fin, en boucle ou en spirale, de dépassements réciproques : « Le poète tragique gagne à étudier le poète lyrique, le poète lyrique le poète épique, le poète épique le poète tragique. Car dans le tragique réside l'achèvement de l'épique dans le lyrique l'achèvement du tragique, dans l'épique l'achèvement du lyrique [2]. »

En fait, les successeurs de Schlegel et de Hölderlin s'accorderont tous à trouver dans le drame la forme mixte, ou plutôt — le mot commence à s'imposer — *synthétique,* et donc inévitablement supérieure. A commencer par August Wilhelm Schlegel, qui écrit dans une note approximativement datée de 1801 : « La division platonicienne des genres n'est pas valide. Aucun vrai principe poétique dans cette division. Épique, lyrique, dramatique : thèse, antithèse, synthèse. Densité légère, singularité énergique, totalité harmonique... L'épique, l'objectivité pure dans l'esprit humain. Le lyrique, la subjectivité pure. Le dramatique, l'interpénétration des deux [3]. » Le

1. *SW,* IV, 202; Szondi, p. 269.
2. *SW,* IV, 273; Szondi, p. 266.
3. *Kritische Schriften und Briefe,* éd. E. Lohner, Stuttgart, 1963, II, p. 305-306 (on aimerait évidemment en savoir plus sur le grief adressé à la « division platonicienne »). C'est aussi cette disposition qu'adopte le plus souvent Novalis, avec une interprétation manifestement synthétisante du terme dramatique : frag. 186 : épique, lyrique, dramatique = sculpture, musique, poésie (c'est déjà l'*Esthétique* de Hegel *in nuce*); frag. 204 — flegmatique, incitatif, sain mélange; frag. 277 = corps, âme, esprit; même ordre au frag. 261; seul le 148 donne l'ordre (schellingien, puis hugolien, puis canonique) lyrique-épique-dramatique (*Œuvres complètes,* trad. A. Guerne, Gallimard, 1975, t. II, 3e partie).

schéma « dialectique » est maintenant en place, et il joue au profit du drame — ce qui ressuscite incidemment, et par une voie inattendue, la valorisation aristotélicienne; la succession, qui restait partiellement indécise chez Friedrich Schlegel, est maintenant explicite : épique-lyrique-dramatique. Mais Schelling va renverser l'ordre des deux premiers termes : l'art commence par la subjectivité lyrique, puis s'élève à l'objectivité épique, et atteint enfin à la synthèse, ou « identification », dramatique [1]. Hegel revient au schéma d'August Wilhelm : d'abord la poésie épique, expression première de la « conscience naïve d'un peuple », puis, « à l'opposé », « lorsque le moi individuel s'est séparé du tout substantiel de la nation », la poésie lyrique, enfin la poésie dramatique, qui « réunit les deux précédentes pour former une nouvelle totalité qui comporte un déroulement objectif et nous fait assister en même temps au jaillissement des événements de l'intériorité individuelle [2] ».

C'est pourtant la succession proposée par Schelling qui finira par s'imposer aux XIXe et XXe siècles : ainsi pour Hugo, délibérément installé dans une large

1. *Philosophie de l'art*, 1802-1805, publ. posthume 1859. Ainsi : « Lyrisme = formation de l'infini en fini = particulier. Épos = présentation (subsomption) du fini dans l'infini = universel. Drame = synthèse de l'universel et du particulier » (trad. *in* Philippe Lacoue-Labarthe et Jean-Luc Nancy, *L'Absolu littéraire, théorie de la littérature du romantisme allemand,* Seuil, 1978, p. 405).

2. *Esthétique,* VIII *(La Poésie),* trad. fr., Aubier, p. 129; cf. *ibid.* p. 151 et déjà VI, p. 27-28, 40. La triade romantique commande toute l'architecture apparente de la « Poétique » de Hegel — mais non son véritable contenu, qui se cristallise en phénoménologie de quelques genres spécifiques : épopée homérique, roman, ode, lied, tragédie grecque, comédie ancienne, tragédie moderne, eux-mêmes extrapolés de quelques œuvres ou auteurs paradigmes : *Iliade, Wilhelm Meister,* Pindare, Goethe, *Antigone,* Aristophane, Shakespeare.

diachronie plus anthropologique que poétique, le lyrisme est l'expression des temps primitifs, où « l'homme s'éveille dans un monde qui vient de naître », l'épique (qui englobe d'ailleurs la tragédie grecque) celle des temps antiques, où « tout s'arrête et se fixe », et le drame aux temps modernes, marqués par le christianisme et la déchirure entre l'âme et le corps[1]. Pour Joyce, déjà rencontré, « la forme lyrique est le plus simple vêtement verbal d'un instant d'émotion, un cri rythmique pareil à ceux qui jadis excitaient l'homme tirant sur l'aviron ou roulant des pierres vers le haut d'une pente... La forme épique la plus simple émerge de la littérature lyrique lorsque l'artiste s'attarde sur lui-même comme sur le centre d'un événement épique... On atteint la forme dramatique lorsque la vitalité, qui avait flué et tourbillonné autour des personnages, remplit chacun de ces personnages avec une force telle que cet homme ou cette femme en reçoit une vie esthétique propre et intangible. La personnalité de l'artiste, traduite d'abord par un cri, une cadence, une impression, puis par un récit fluide et superficiel, se subtilise enfin jusqu'à perdre son existence et, pour ainsi dire, s'impersonnalise... L'artiste, comme le Dieu de la création, reste à l'intérieur, ou derrière, ou au-delà, ou au-dessus de son œuvre, invisible, subtilisé, hors de l'existence, indifférent, en train de se curer les ongles[2]. » Observons au passage que le schéma évolutif a perdu ici toute allure « dialectique » : du cri lyrique à la divine impersonnalité dramatique, il n'y a plus qu'une progression linéaire et univoque vers l'objectivité, sans aucune trace d'un

1. *Préface de Cromwell,* 1827.
2. *Dedalus,* p. 213-214.

« renversement du pour au contre ». De même chez Staiger, pour qui le passage du « saisissement » *(Ergriffenheit)* lyrique au « panorama » *(Überschau)* épique, puis à la « tension » *(Spannung)* dramatique marque un processus continu d'objectivation, ou de dissociation progressive entre « sujet » et « objet »[1].

Il serait facile, et un peu vain, d'ironiser sur ce kaléidoscope taxinomique où le schéma trop séduisant de la triade[2] ne cesse de se métamorphoser pour survivre, forme accueillante à tout sens, au gré des supputations hasardeuses (nul ne sait au juste quel genre a historiquement précédé les autres, si tant est qu'une telle question se pose) et des attributions interchangeables : posé, sans grande surprise, que le lyrique est le mode le plus « subjectif », il faut bien affecter l'« objectivité » à l'un des deux autres, et par force le moyen terme au tiers restant; mais comme ici aucune évidence ne s'impose, ce dernier choix reste essentiellement déterminé par une valorisation implicite — ou explicite — en « progrès » linéaire ou dialectique. L'histoire de la théorie des genres est toute marquée de ces schémas fascinants qui informent et déforment la réalité souvent hétéroclite du champ littéraire et prétendent découvrir un « système » naturel là où ils construisent une symétrie factice à grand renfort de fausses fenêtres.

Ces configurations forcées ne sont pas toujours sans utilité, bien au contraire : comme toutes les classifications provisoires, et à condition d'être bien reçues pour telles, elles ont souvent une incontestable fonction heuristique. La fausse fenêtre peut en

1. E. Staiger, *Grundbegriffe der Poetik,* Zurich, 1946.
2. Sur cette séduction, cf. C. Guillen, *op. cit.*

l'occurrence ouvrir sur une vraie lumière, et révéler l'importance d'un terme méconnu; la case vide ou laborieusement garnie peut se trouver beaucoup plus tard un occupant légitime : lorsque Aristote, observant l'existence d'un récit noble, d'un drame noble et d'un drame bas, en déduit, par horreur du vide et goût de l'équilibre, celle d'un récit bas qu'il identifie provisoirement à l'épopée parodique, il ne se doute pas qu'il réserve sa place au roman réaliste. Quand Frye, autre grand artisan de *fearful symmetries,* observant l'existence de trois types de « fiction » : personnelle-introvertie (le roman romanesque), personnelle-extravertie (le roman réaliste) et intellectuelle-introvertie (l'autobiographie), en déduit celle d'un genre de fiction intellectuelle-extravertie, qu'il baptise *anatomie,* et qui rassemble et promeut quelques laissés-pour-compte de la narration fantaisiste-allégorique tels que Lucien, Varron, Pétrone, Apulée, Rabelais, Burton, Swift et Sterne, on peut sans doute contester la procédure, mais non l'intérêt du résultat [1]. Lorsque Robert Scholes, remaniant la théorie fryenne des cinq « modes » (mythe, *romance,* haute mimésis, basse mimésis, ironie) pour y mettre un peu plus d'ordre et d'alignement, nous propose son époustouflant tableau des sous-genres de la fiction et de leur évolution nécessaire [2], il est sans doute difficile de le prendre tout à fait à la lettre, mais encore plus difficile de n'y trouver aucune inspiration. Il en va de même de l'encombrante, mais inusable triade, dont je n'ai évoqué ici que quelques perfomances parmi bien d'autres. L'une des plus curieuses, peut-être, consiste dans les diverses tentatives faites pour

1. *Anatomie,* 4e essai (Théorie des genres), trad. fr., p. 368-382.
2. *Op. cit.,* p. 129-138; trad. fr., *Poétique,* 32, p. 507-513.

l'accoupler à un autre vénérable trio, celui des instances temporelles : passé, présent, futur. Elles ont été fort nombreuses, et je me contenterai de rapprocher une dizaine d'exemples cités par Austin Warren et René Wellek [1]. Pour une lecture plus synthétique, je présente cette confrontation sous la forme de deux tableaux à double entrée. Le premier fait apparaître le temps attribué à chaque « genre » par chaque auteur :

GENRES / AUTEURS	LYRIQUE	ÉPIQUE	DRAMATIQUE
HUMBOLDT		passé	présent
SCHELLING	présent	passé	
JEAN PAUL	présent	passé	futur
HEGEL	présent	passé	
DALLAS	futur	passé	présent
VISCHER	présent	passé	futur
ERSKINE	présent	futur	passé
JAKOBSON	présent	passé	
STAIGER	passé	présent	futur

1. *Op. cit.* et art. cit. Les textes de référence sont : Humboldt, *Über Goethes Hermann und Dorothea*, 1799; Schelling, *Philosophie de*

Le second (qui n'est évidemment qu'une autre présentation du premier) fait apparaître le nom, et donc le nombre des auteurs qui illustrent chacune de ces attributions :

GENRES \ TEMPS	PASSÉ	PRÉSENT	FUTUR
LYRIQUE	Staiger	Schelling Jean Paul Hegel Vischer Erskine Jakobson	Dallas
ÉPIQUE	Humboldt Schelling Jean Paul Hegel Dallas Vischer Jakobson	Staiger	Erskine
DRAMATIQUE	Erskine	Humboldt Dallas	Jean Paul Vischer Staiger

Comme pour la fameuse « couleur des voyelles », il serait d'une pertinence un peu courte d'observer simplement que l'on a attribué successivement tous

l'art, 1802-1805; Jean Paul, *Vorschule der Ästhetik,* 1813; Hegel, *Esthétique* (VIII, p. 288), vers 1820; E. S. Dallas, *Poetics,* 1852; F. T. Vischer *Ästhetik,* 5e vol., 1857; J. Erskine, *The Kinds of Poetry,* 1920; R. Jakobson, *Remarques sur la prose de Pasternak,* 1935; E. Staiger, *Grundbegriffe der Poetik,* 1946.

les temps à chacun des trois genres [1]. Il y a en fait deux dominantes manifestes : l'affinité éprouvée entre l'épique et le passé, et celle du lyrique avec le présent; le dramatique, évidemment « présent » par sa forme (la représentation) et (traditionnellement) « passé » par son objet, restait plus difficile à apparier. La sagesse eût été peut-être de lui affecter le terme mixte ou synthétique, et/ou d'en rester là. Le malheur voulut qu'il existât un troisième temps, et avec lui la tentation irrésistible de l'attribuer à un genre, d'où l'équivalence quelque peu sophistique entre drame et futur, et deux ou trois autres fantaisies laborieuses. On ne peut pas gagner à tous les coups [2], et s'il faut une excuse pour ces tentatives hasardeuses, je la trouverai, à l'inverse, dans l'insatisfaction où nous laisse une énumération ingénue comme celle des neuf *formes simples* de Jolles — dont ce n'est certes ni le seul défaut, ni le seul mérite. Neuf formes simples ? Tiens donc [3]! Comme les neuf muses ? Parce que trois fois trois ? Parce qu'il en a oublié une ? Etc. Comme il nous est difficile d'ad-

1. On observe que certaines listes sont défectives, ce qui, étant donné la tentation du système, est plutôt méritoire. Humboldt oppose plus précisément l'épique (passé) au tragique (présent) à l'intérieur d'une catégorie plus vaste qu'il nomme *plastique*, et qu'il oppose globalement au lyrique; il serait un peu cavalier d'en déduire en son nom l'équivalence lyrique = futur, et de compléter semblablement les répartitions de Hegel et de Jakobson.

2. Une autre équivalence, entre genres et personnes grammaticales, a été proposée au moins par Dallas et Jakobson, d'accord (bien qu'ils divergent sur les temps) pour attribuer la première du singulier au lyrique et la troisième à l'épique. Dallas y ajoute, en toute logique, dramatique = deuxième du singulier. Cette répartition est assez séduisante; mais que faire du pluriel ?

3. Pour les exercices de redressement infligés à la liste de Jolles, voir la « Note de l'éditeur » à la traduction française de *Formes simples*, Seuil, 1972, p. 8-9, et Todorov, *Dictionnaire*, p. 201.

mettre que Jolles, simplement, en a trouvé neuf, ni plus ni moins, et a dédaigné le plaisir facile, je veux dire peu coûteux, de justifier ce nombre! Le véritable empirisme choque toujours comme une incongruité.

VII

Toutes les théories évoquées jusqu'ici constituaient — de Batteux à Staiger — autant de systèmes inclusifs et hiérarchisés, comme celui d'Aristote, en ce sens que les divers genres poétiques s'y répartissaient sans reste entre les trois catégories fondamentales, comme autant de sous-classes : sous l'épique, épopée, roman, nouvelle, etc.; sous le dramatique, tragédie, comédie, drame bourgeois, etc; sous le lyrique, ode, hymne, épigramme, etc. Mais une telle classification reste encore fort élémentaire, puisque à l'intérieur de chacun des termes de la tripartition motivée les genres particuliers se retrouvent en désordre, ou pour le moins s'organisent — de nouveau comme chez Aristote — selon un autre principe de différenciation, hétérogène à celui qui motive la tripartition elle-même : épopée héroïque *vs* roman sentimental ou « prosaïque », roman long *vs* nouvelle courte, tragédie noble *vs* comédie familière, etc. On éprouve donc parfois le besoin d'une taxinomie plus serrée, qui ordonne selon le même principe jusqu'à la répartition de chaque espèce.

Le moyen le plus fréquemment utilisé consiste tout simplement à réintroduire la triade à l'intérieur de chacun de ses termes. Ainsi Hartman[1]

1. *Philosophie des Schönen, Grundriss der Ästhetik,* 1924, p. 235-259; cf. Ruttkovski, *op. cit.,* p. 37-38.

propose-t-il de distinguer un lyrique pur, un lyrique-épique, un lyrique-dramatique; un dramatique pur, un dramatique-lyrique, un dramatique-épique ; un épique pur, un épique-lyrique, un épique-dramatique — chacune des neuf classes ainsi déterminées étant apparemment définie par un trait dominant et un trait secondaire, faute de quoi les termes mixtes inverses (comme épique-lyrique et lyrique-épique) s'équivaudraient et le système se réduirait à six termes : trois purs et trois mixtes. Albert Guérard [1] applique ce principe en illustrant chaque terme d'un ou plusieurs exemples : pour le lyrique pur, les *Wanderers Nachtlieder* de Goethe; pour le lyrique-dramatique, Robert Browning; pour le lyrique-épique, la ballade (au sens germanique); pour l'épique pur, Homère; pour l'épique-lyrique, *The Faerie Queene;* pour l'épique-dramatique, l'*Enfer* ou *Notre-Dame de Paris;* pour le dramatique pur, Molière; pour le dramatique-lyrique, le *Songe d'une nuit d'été;* pour le dramatique-épique, Eschyle ou *Tête d'or* [2].

Mais ces emboîtements de triades ne redoublent pas seulement, comme en abyme, la division fondamentale : ils manifestent sans le vouloir l'existence d'états *intermédiaires* entre les types purs, l'ensemble

1. *Preface to World Literature,* New York, 1940, ch. 11, « The Theory of literary Genres »; cf. Ruttkovski, p. 38.

2. On retrouve l'indication, moins systématique, de ce principe dans le manuel de W. Kayser, *Das Sprachliche Kunstwerk* (Berne, 1948), où les trois « attitudes fondamentales » *(Grundhaltungen)* peuvent se subdiviser à leur tour en lyrique pur, lyrique-épique, etc., soit (pour le lyrique) selon la forme d'énonciation ou de « présentation » *(äussere Darbietungsform),* soit (pour l'épique et le dramatique) selon le contenu anthropologique. Où l'on retrouve à la fois la triade-dans-la-triade, et l'ambiguïté de son principe, modal et/ou thématique.

se bouclant sur lui-même en triangle ou en cercle. Cette idée d'une sorte de spectre des genres, continu et cyclique, avait été proposée par Goethe : « On peut combiner ces trois éléments (lyrique, épique, dramatique) et faire varier à l'infini les genres poétiques; et c'est pourquoi aussi il est si difficile de trouver un ordre selon lequel on puisse les classer côte à côte ou l'un à la suite de l'autre. On pourra d'ailleurs se tirer d'affaire en disposant dans un cercle, l'un en face de l'autre, les trois éléments principaux et en cherchant des œuvres modèles où chaque élément prédomine isolément. On rassemblera ensuite des exemples qui inclineront dans un sens ou dans l'autre, jusqu'à ce qu'enfin la réunion des trois se manifeste et que le cercle se trouve entièrement refermé [1]. » Elle a été reprise au xxe siècle par l'esthéticien allemand Julius Petersen [2], dont le système générique s'appuie sur un groupe de définitions apparemment très homogène : l'epos est la narration *(Bericht)* monologuée d'une action *(Handlung)*; le drame, la représentation *(Darstellung)* dialoguée d'une action; le lyrisme, la représentation monologuée d'une situation *(Zustand)*. Ces relations se figurent d'abord en un triangle dont chaque genre fondamental, affecté de son trait spécifique, occupe une pointe, chacun des côtés figurant le trait commun aux deux types qu'il réunit : entre lyrisme et drame, la représentation, c'est-à-dire l'expression directe des pensées ou sentiments, soit par

1. Note au *West-östlicher Diwan,* 1819, trad. Lichtenberger, Aubier-Montaigne, p. 378. Voir plus loin p. 67.

2. « Zur Lehre von der Dichtungsgattungen », *Festschrift A. Sauer,* Stuttgart, 1925, p. 72-116; système et schémas repris et perfectionnés dans *Die Wissenschaft von der Dichtung,* Berlin, 1939, Erster Band, p. 119-126; cf. Fubini, *op. cit.,* p. 261-269.

le poète, soit par les personnages ; entre lyrisme et épos, le monologue ; entre épos et drame, l'action :

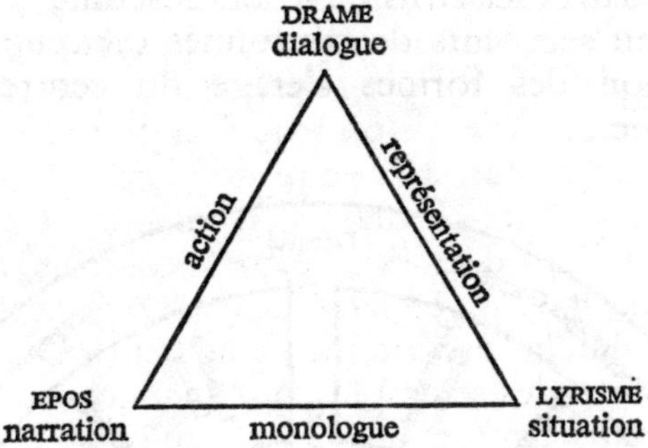

Ce schéma met en évidence une dissymétrie troublante, et peut-être inévitable (elle était déjà chez Goethe, où nous la retrouverons encore) : c'est que, contrairement à l'épos et au drame, dont le trait spécifique est formel (narration, dialogue), le lyrisme se définit ici par un trait thématique : il est le seul à traiter non une action mais une situation ; et de ce fait, le trait commun au drame et à l'épos est le trait thématique (action), alors que le lyrisme partage avec ses deux voisins deux traits formels (monologue et représentation). Mais ce triangle boiteux n'est que le point de départ d'un système plus complexe, qui veut d'une part indiquer sur chaque côté la place de quelques genres mixtes ou intermédiaires tels que le drame lyrique, l'idylle ou le roman dialogué, et d'autre part prendre en compte l'évolution des formes littéraires depuis une *Ur-Dichtung* primitive elle aussi héritée de Goethe jusqu'aux « formes savantes » les plus évoluées. Du coup, le triangle devient, selon la suggestion de Goethe, une roue dont l'*Ur-Dichtung* occupe le moyeu, les trois genres fondamentaux les trois rayons, et les formes intermédiaires les trois quartiers restants, eux-mêmes divisés en segments de couronnes concentriques où l'évolution des formes s'étage du centre vers la périphérie :

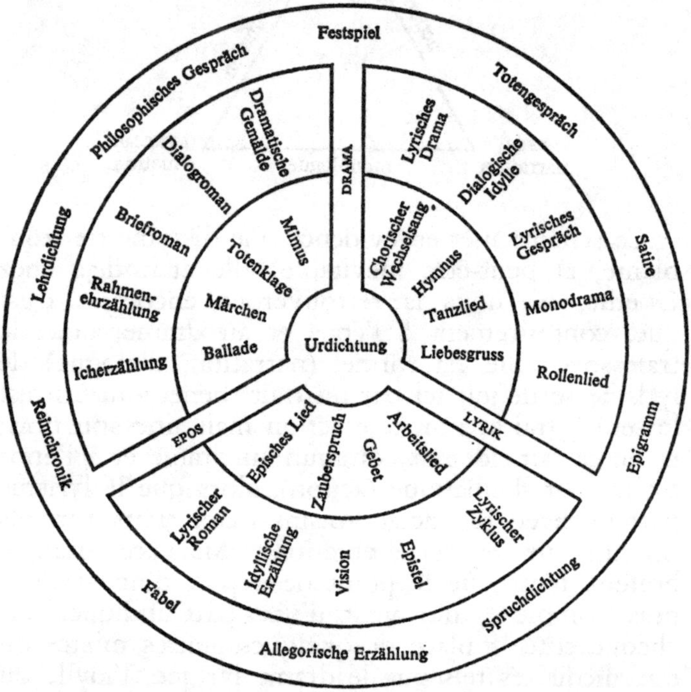

Je laisse sur ce schéma les termes génériques allemands utilisés par Petersen, souvent sans exemples, et dont les référents et équivalents français ne sont pas toujours évidents. On s'en voudrait de traduire *Ur-Dichtung*. Pour les autres, à partir de l'épos, hasardons, sur la première couronne : ballade, conte, lamentation funèbre, mime, chant choral alterné, hymne, chant à danser, madrigal, chant de travail, prière, incantation magique, chant épique; sur la deuxième : récit à la première personne, récit à enchâssement, roman par lettres, roman dialogué, tableau dramatique, drame lyrique, idylle dialoguée, dialogue lyrique, monodrame (ex. Rousseau, *Pygmalion*); le *Rollenlied* est un poème lyrique attribué à un personnage historique ou mythologique (Béranger, *Les Adieux de Marie Stuart,* ou Goethe, *Ode de Prométhée*); cycle lyrique (Goethe, *Élégies romaines*), épître, vision *(Divine Comédie),* idylle narrative, roman lyrique (première partie de *Werther,* la seconde relevant selon Petersen de l'*Icherzählung*); sur la dernière : chronique en vers, poème didactique, dialogue philosophique, festival, dialogue des morts, satire, épigramme, poème gnomique, récit allégorique, fable.

Comme on le voit, le premier cercle à partir du centre est occupé par des genres en principe plus spontanés et populaires, proches des « formes simples » de Jolles, que Petersen invoque d'ailleurs explicitement; le second est celui des formes canoniques; le dernier revient à des formes « appliquées », où le discours poétique se met au service d'un message moral, philosophique ou autre. Dans chacun de ces cercles, les genres s'étagent évidemment selon leur degré d'affinité ou de parenté avec les trois types fondamentaux. Visiblement satisfait de son schéma, Petersen assure qu'il peut servir « comme une boussole pour s'orienter dans les diverses directions du système des genres »; plus réservé, Fubini préfère comparer cette construction à « ces voiliers en liège enfermés dans une bouteille qui décorent certaines maisons de Ligurie », et dont on admire l'ingéniosité sans en percevoir la fonction. Vraie boussole ou faux navire, la rose des genres de Petersen n'est peut-être ni si précieuse ni si inutile. Au reste, et malgré les prétentions affichées, elle ne recouvre nullement la totalité des genres existants : le système de représentation adopté ne laisse aucune place bien déterminée aux genres « purs » les plus canoniques, comme l'ode, l'épopée ou la tragédie; et ses critères de définition essentiellement formels ne lui permettent aucune distinction thématique, comme celles qui opposent la tragédie à la comédie ou le *romance* (roman héroïque ou sentimental) au *novel* (roman de mœurs réaliste). Peut-être y faudrait-il un autre compas, voire une troisième dimension, et sans doute serait-il aussi difficile de les rapporter l'un à l'autre que les diverses grilles concurrentes, et non toujours compatibles, dont se compose le « système » de Northrop Frye. Ici encore, la force de suggestion dépasse de loin la capacité explicative, voire simplement descriptive. On (ne) peut (que) rêver sur tout cela... C'est sans doute à quoi servent les navires en bouteilles — et parfois aussi les boussoles anciennes.

Mais nous ne quitterons pas le rayon des curiosités sans accorder un coup d'œil à un dernier système, purement « historique » celui-là, fondé sur la tripartition romantique : c'est celui d'Ernest Bovet, personnage aujourd'hui bien oublié, mais dont nous avons déjà vu qu'il n'avait pas échappé à l'attention d'Irene Behrens. Son ouvrage, paru en 1911, s'intitule exactement *Lyrisme, épopée, drame : une loi de l'évolution littéraire expliquée par l'évolution générale*. Son point de départ est la *Préface de Cromwell*, où Hugo suggère lui-même que la loi de succession lyrique-épique-dramatique peut s'appliquer, ici encore comme en abyme, à chaque phase de l'évolution de chaque littérature nationale : ainsi, pour la Bible, Genèse-Rois-Job; pour la poésie grecque, Orphée-Homère-Eschyle; pour la naissance du classicisme français, Malherbe-Chapelain-Corneille. Pour Bovet comme pour Hugo et comme pour les Romantiques allemands, les trois « grands genres » ne sont pas de simples formes (le plus formaliste aura été Petersen) mais « trois modes essentiels de concevoir la vie et l'univers », qui répondent à trois âges de l'évolution, aussi bien ontogénétique que phylogénétique, et qui fonctionnent donc à n'importe quel niveau d'unité. L'exemple choisi est celui de la littérature française [1], ici découpée en trois grandes ères, dont chacune se subdivise en trois périodes : l'obsession trinitaire est à son zénith. Mais par une première entorse à son système, Bovet n'a pas tenté de projeter le principe évolutif sur les ères, mais seulement sur les périodes. La première ère, féodale et catholique (des origines à 1520 environ), connaît une première période essentiellement lyrique, des origines au début du XIIe siècle : il s'agit évidemment d'un lyrisme oral et populaire dont toute trace est aujourd'hui à peu près perdue; puis une période essentiellement épique, de 1100 à 1328 environ : chansons de geste, romans de chevalerie; le lyrisme entre en décadence, le drame est

1. L'évolution de la littérature italienne, avortée par manque d'unité nationale, sert de contre-exemple. Rien sur les autres littératures.

encore embryonnaire; il s'épanouit dans la troisième période (1328-1520), avec les Mistères et *Pathelin*, tandis que l'épopée dégénère en prose et le lyrisme, Villon excepté confirmant la règle, en Grande Rhétorique. La deuxième ère, de 1520 à la Révolution, est celle de la royauté absolue; période lyrique : 1520-1610, illustrée par Rabelais, la Pléiade, les tragédies en fait lyriques de Jodelle et de Montchrestien; les épopées de Ronsard et de Du Bartas sont avortées ou manquées, d'Aubigné est lyrique; période épique : 1610-1715, non par l'épopée officielle (Chapelain), qui ne vaut rien, mais par le *roman*, qui domine toute cette époque et s'illustre chez... Corneille; Racine, dont le génie n'est pas romanesque, fait encore exception, et d'ailleurs son œuvre fut alors mal reçue; Molière annonce l'épanouissement du drame, caractéristique de la troisième période, 1715-1789, dramatique par *Turcaret, Figaro, le Neveu de Rameau;* Rousseau annonce la période suivante, période lyrique de la troisième ère, de 1789 à nos jours, dominée jusqu'en 1840 par le lyrisme romantique; Stendhal annonce la période épique, 1840-1885, dominée par le roman réaliste et naturaliste, où la poésie (parnassienne) a perdu sa veine lyrique, et où Dumas fils et Henry Becque amorcent la merveilleuse floraison dramatique de la troisième période, depuis 1885, à tout jamais marquée par le théâtre de Daudet, et naturellement de Lavedan, Bernstein et autres géants de la scène; la poésie lyrique, cependant, sombre dans la décadence symboliste : voyez Mallarmé [1].

1. Ernest Bovet enseignait à l'université de Zurich. Son livre est dédié à ses maîtres Henri Morf et Joseph Bédier. Il se déclare en pleine communion intellectuelle antipositiviste avec Bergson,

La réinterprétation romantique du système des modes en système de genres n'est ni en fait ni en droit l'épilogue de cette longue histoire. Ainsi Käte Hamburger, prenant en quelque sorte acte de l'impossibilité de répartir entre les trois genres le couple antithétique subjectivité/objectivité, décidait voici quelques années de réduire la triade à deux termes, le *lyrique* (l'ancien « genre lyrique », augmenté d'autres formes d'expression personnelle comme l'autobiographie et même le « roman à la première personne »), caractérisé par l'*Ich-Origo* de son énonciation, et la *fiction* (qui réunit les anciens genres épique et dramatique, plus certaines formes de poésie narrative, comme la ballade), définie par une énonciation sans trace de son origine[1]. Comme on le voit, le grand exclu de la *Poétique* occupe maintenant, belle revanche, la moitié du champ : il est vrai que ce champ n'est plus le même, puisqu'il englobe désormais toute la littérature, prose comprise. Mais

---

Vossler et (malgré la controverse sur la pertinence de la notion de genre) Croce. Il se défend d'avoir lu une ligne de Hegel, et a fortiori, on peut le supposer, de Schelling; comme quoi la caricature peut ignorer son modèle.

1. *Die Logik der Dichtung,* Stuttgart, 1957. C'est une bipartition comparable que proposait Henri Bonnet : « Il y a deux genres. Et il n'y en a que deux, car tout ce qui est réel peut être envisagé soit du point de vue subjectif, soit du point de vue objectif... Ces deux genres sont fondés dans la nature des choses. Nous leur donnons le nom de poésie et de roman » (*Roman et Poésie, Essai sur l'esthétique des genres,* Nizet, 1951, p. 139-140). Et pour Gilbert Durand, les deux genres fondamentaux, fondés sur les deux « régimes », diurne et nocturne, de l'imaginaire, sont l'épique et le lyrique, ou mystique, le romanesque n'étant qu'un « moment », celui qui marque le passage du premier au second (*Le Décor mythique de la Chartreuse de Parme,* Corti, 1961).

au fait, qu'entendons-nous aujourd'hui — c'est-à-dire, une fois de plus, depuis le romantisme — par poésie ? Le plus souvent, je pense, ce que les préromantiques entendaient par lyrisme. La formule de Wordsworth [1], qui définit la poésie tout entière à peu près comme le traducteur de Batteux définissait la seule poésie lyrique, semble un peu compromettante par le crédit qu'elle fait à l'affectivité et à la spontanéité ; mais non sans doute celle de Stuart Mill, pour qui la poésie lyrique est *« more eminently and peculiarly poetry than any other »,* excluant toute narration, toute description, tout énoncé didactique comme antipoétique et décrétant au passage que tout poème épique, *« in so far as it is epic... is no poetry at all ».* Cette idée, reprise ou partagée par Edgar Poe, pour qui « un long poème n'existe pas », sera comme on le sait orchestrée par Baudelaire dans ses Notices sur Poe [2], avec pour conséquence explicite la condamnation absolue du poème épique ou didactique, et passera ainsi dans notre vulgate symboliste et « moderne », sous le slogan, aujourd'hui un peu honteux mais toujours actif, de « poésie pure ». Dans la mesure où toute distinction entre genres, voire entre poésie et prose, n'en est pas encore effacée, notre concept implicite de la poésie se confond bel et bien (ce point sera sans doute contesté ou mal reçu à cause des connotations vieillottes ou gênantes attachées au terme, mais à mon avis la pratique même de l'écriture et plus encore de la lecture poétique

1. « Poetry is the spontaneous overflow of powerful feelings » (préface aux *Lyrical Ballads,* 1800).

2. Stuart Mill, *What is Poetry ?* et *The Two Kinds of Poetry,* 1833; Edgar Poe, *The poetic Principle,* éd. posth., 1850; Baudelaire, *Notices sur Edgar Poe,* 1856 et 1857.

contemporaine l'établit à l'évidence) avec l'ancien concept de poésie lyrique. Autrement dit : depuis plus d'un siècle, nous considérons comme *« more eminently and peculiarly poetry »*... très précisément le type de poésie qu'Aristote excluait de sa *Poétique* [1].

Un renversement si absolu n'est peut-être pas l'indice d'une véritable émancipation.

IX

J'ai tenté de montrer pourquoi et comment l'on en était venu, d'abord à concevoir, puis, et accessoirement, à prêter à Platon et Aristote, une division des « genres littéraires » que refuse toute leur « poétique insciente ». Il faudrait sans doute préciser, pour serrer de plus près la réalité historique, que l'attribution a connu deux périodes et deux motifs très distincts : en fin de classicisme, elle procédait à la fois d'un respect encore vif et d'un besoin de caution du côté de l'orthodoxie; au XXe siècle, elle s'explique davantage par l'illusion rétrospective (la vulgate est si bien établie qu'on imagine mal qu'elle n'ait pas toujours existé), et aussi (c'est manifeste chez Frye, par exemple) par un regain légitime d'intérêt pour une interprétation modale — c'est-à-dire par la situation d'énonciation — des faits de genre; entre les deux, la période romantique et post-romantique s'est fort peu souciée de mêler Platon et Aristote à tout cela. Mais l'actuel télescopage de ces diverses positions — le fait, par exemple, de se réclamer à la fois d'Aristote, de Batteux, de Schlegel

1. Voir encore le tout récent Jean Cohen, *Le Haut Langage*, Flammarion, 1979.

(ou, nous allons le voir, de Goethe), de Jakobson, de Benveniste et de la philosophie analytique anglo-américaine — aggrave les inconvénients théoriques de cette attribution erronée, ou — pour la définir elle-même en termes théoriques — de cette confusion entre modes et genres.

Chez Platon, et encore chez Aristote, nous l'avons vu, la division fondamentale avait un statut bien déterminé, puisqu'elle portait explicitement sur le *mode d'énonciation* des textes. Dans la mesure où ils étaient pris en considération (fort peu chez Platon, davantage chez Aristote), les genres proprement dits venaient se répartir entre les modes en tant qu'ils relevaient de telle ou telle attitude d'énonciation : le dithyrambe, de la narration pure, l'épopée de la narration mixte, la tragédie et la comédie de l'imitation dramatique. Mais cette relation d'inclusion n'empêchait pas le critère générique et le critère modal d'être absolument hétérogènes, et de statut radicalement différent : chaque genre se définissait essentiellement par une spécification de contenu que rien ne prescrivait dans la définition du mode dont il relevait. La division romantique et post-romantique, en revanche, envisage le lyrique, l'épique et le dramatique non plus comme de simples modes d'énonciation, mais comme de véritables genres, dont la définition comporte déjà inévitablement un élément thématique, si vague soit-il. On le voit bien entre autres chez Hegel, pour qui il existe un *monde* épique, défini par un type déterminé d'agrégation sociale et de rapports humains, un *contenu* lyrique (le « sujet individuel »), un *milieu* dramatique « fait de conflits et de collisions », ou chez Hugo, pour qui par exemple le véritable drame est inséparable du message chrétien (séparation de l'âme et du corps); on le voit encore chez Viëtor, pour qui les trois grands genres expriment trois « attitudes fondamentales [1] » : au lyrique le sentiment, à l'épique la connaissance, au dramatique la volonté et l'action, ce qui ranime, mais en l'affectant d'une permutation entre épique et dramatique, la répartition hasardée par Hölderlin à la fin du XVIIIe siècle.

Le passage d'un statut à l'autre est clairement, sinon volontairement, illustré par un célèbre texte de Goethe [2], déjà plusieurs fois rencontré de biais et qu'il faut maintenant considérer pour lui-même. Goethe y oppose aux simples « espèces poétiques » *(Dichtarten)* que sont les genres particuliers comme le roman, la satire ou la ballade, ces « trois authentiques formes naturelles » *(drei echte Naturformen)* de la poésie que sont l'épos, défini comme narration

1. « Die Geschichte literarischer Gattungen » (1931), trad. fr., *Poétique,* 32, p. 490-506. Même terme *(Grundhaltung),* on l'a vu, chez Kayser, et même notion déjà chez Bovet, qui parlait de « modes essentiels de concevoir la vie et l'univers ».

2. Il s'agit de deux notes conjointes *(Dichtarten* et *Naturformen der Dichtung)* au *Diwan* de 1819. La liste des *Dichtarten,* volontairement donnée dans l'ordre alphabétique, est : allégorie, ballade, cantate, drame, élégie, épigramme, épître, épopée, récit *(Erzählung),* fable, héroïde, idylle, poème didactique, ode, parodie, roman, romance, satire. La traduction de *klar erzählende* et de *persönlich handelnde* est plus prudente ou plus évasive (« qui raconte clairement » et « qui agit personnellement ») dans l'édition bilingue du *Diwan* donnée (sans le texte allemand des Notes) par Lichtenberger, Aubier, p. 377-378; mais il me semble que l'interprétation modale est confirmée dans la même note par deux autres indications : « Dans la tragédie française, l'exposition est épique, la partie moyenne dramatique », et, de critère rigoureusement aristotélicien : « L'épopée *(Heldengedicht)* homérique est purement épique : le rhapsode est toujours au premier plan pour raconter les événements; nul ne peut ouvrir la bouche qu'il ne lui ait préalablement donné la parole »; dans les deux cas, « épique » signifie manifestement *narratif.*

pure *(klar erzählende)*, le lyrique, comme transport enthousiaste *(enthusiastisch aufgeregte)*, et le drame, comme représentation vivante *(persönlich handelnde)*. « Ces trois modes poétiques *(Dichtweisen)*, ajoute-t-il, peuvent agir soit ensemble soit séparément. » L'opposition entre *Dichtarten* et *Dichtweisen* recouvre avec précision la distinction entre genres et modes, et elle est confirmée par la définition purement modale de l'épos et du drame. En revanche, celle du lyrique est plutôt thématique, ce qui enlève de sa pertinence au terme *Dichtweisen,* et nous renvoie à la notion plus indécise de *Naturform,* qui couvre toutes les interprétations, et qui — pour cette raison même, sans doute — est la plus fréquemment retenue par les commentateurs.

Mais toute la question, précisément, est de savoir si la qualification de « formes naturelles » peut encore être légitimement appliquée à la triade *lyrique/épique/dramatique* redéfinie en termes génériques. Les modes d'énonciation peuvent à la rigueur être qualifiés de « formes naturelles », au moins au sens où l'on parle de « langues naturelles » : toute intention littéraire mise à part, l'usager de la langue doit constamment, même ou surtout si inconsciemment, choisir entre des attitudes de locution telles que discours et histoire (au sens benvenistien), citation littérale et style indirect, etc. La différence de statut entre genres et modes est essentiellement là : les genres sont des catégories proprement littéraires[1], les modes sont

1. Pour être plus précis, il faudrait sans doute écrire : proprement esthétiques, puisque, comme on le sait, le fait de genre est commun à tous les arts; « proprement littéraire » signifie donc ici : propre au niveau esthétique de la littérature, qu'elle partage avec les autres arts, comme opposé à son niveau linguistique, qu'elle partage avec les autres types de discours.

des catégories qui relèvent de la linguistique, ou plus exactement de ce que l'on appelle aujourd'hui la *pragmatique*. « Formes naturelles », donc, en ce sens tout relatif, et dans la mesure où la langue et son usage apparaissent comme un donné de nature face à l'élaboration consciente et délibérée des formes esthétiques. Mais la triade romantique et ses dérivés ultérieurs ne se situent plus sur ce terrain : lyrique, épique, dramatique s'y opposent aux *Dichtarten* non plus comme des modes d'énonciation verbale antérieurs et extérieurs à toute définition littéraire, mais plutôt comme des sortes d'*archigenres*. *Archi-,* parce que chacun d'eux est censé surplomber et contenir, hiérarchiquement, un certain nombre de genres empiriques, lesquels sont de toute évidence, et quelle que soit leur amplitude, longévité ou capacité de récurrence, des faits de culture et d'histoire; mais encore (ou déjà) *-genres,* parce que leurs critères de définition comportent toujours, nous l'avons vu, un élément thématique qui échappe à une description purement formelle ou linguistique. Ce double statut ne leur est pas propre, car un « genre » comme le roman ou la comédie peut lui aussi se subdiviser en « espèces » plus déterminées — roman de chevalerie, roman picaresque, etc.; comédie de caractères, farce, vaudeville, etc. — sans qu'aucune limite soit a priori fixée à cette série d'inclusions : chacun sait par exemple que l'espèce *roman policier* peut à son tour être subdivisée en diverses variétés (énigme policière, thriller, policier « réaliste » à la Simenon, etc.), qu'un peu d'ingéniosité peut toujours multiplier les instances entre l'espèce et l'individu, et que nul ne peut assigner ici de terme à la prolifération des espèces : le roman d'espionnage aurait été, je suppose, parfaitement imprévisible pour un poéticien du XVIIIe siècle, et bien d'autres espèces à venir nous sont aujourd'hui encore inimaginables. Bref, tout genre peut toujours contenir plusieurs genres, et les archigenres de la triade romantique ne se distinguent en cela par aucun privilège de nature. Tout au plus peut-on les décrire comme les dernières — les plus vastes — instances de la classification alors en usage : mais l'exemple de Käte Hamburger montre qu'une nouvelle réduction n'est pas a priori exclue (et il n'y aurait rien de déraisonnable, au contraire, à envisager une fusion, inverse de la sienne, entre lyrique et épique, laissant à part le seul dramatique, en tant que seule forme à énonciation rigoureusement « objective »); et celui de W. V. Ruttkowski[1] que l'on peut toujours, et tout aussi raisonnablement, proposer une autre instance suprême, en l'occurrence le *didactique*. Et ainsi de suite. Dans la classification des espèces littéraires comme dans l'autre, aucune instance n'est par essence plus « naturelle » ou plus « idéale » — sauf à sortir des critères littéraires eux-mêmes, comme le faisaient implicitement les Anciens avec l'instance modale. Il n'y a pas de niveau générique qui puisse être décrété plus « théorique », ou qui puisse être atteint par une méthode plus « déductive » que les autres : toutes les espèces, tous les sous-genres, genres ou super-genres sont des classes empiriques, établies par observation du donné historique, ou à la limite par extrapolation à partir de ce donné, c'est-à-dire par un mouvement déductif superposé à un premier mouvement toujours inductif

1. *Op. cit.,* chap. VI, « Schlussforgerungen : eine modifizierte Gattungspoetik ».

et analytique, comme on le voit bien sur les tableaux (explicites ou virtuels) d'Aristote et de Frye, où l'existence d'une case vide (récit comique, intellectuel-extraverti) aide à découvrir un genre (« parodie », « anatomie ») autrement voué à l'imperceptibilité. Les grands « types » idéaux que l'on oppose si souvent [1], depuis Goethe, aux petites formes et moyens genres, ne sont rien d'autre que des classes plus vastes et moins spécifiées, dont l'extension culturelle a quelques chances d'être, de ce fait, plus grande, mais dont le principe n'est ni plus ni moins anhistorique : le « type épique » n'est ni plus idéal ni plus naturel que les genres « roman » et « épopée » qu'il est censé englober — à moins qu'on ne le définisse comme l'ensemble des genres essentiellement *narratifs,* ce qui nous ramène aussitôt à la division des modes : car le récit, lui, comme le dialogue dramatique, est une attitude fondamentale

1. Sous ce terme (Lämmert, Todorov in *Dictionnaire*), ou selon tel autre couple terminologique : *kind/genre* (Warren), *mode/genre* (Scholes), *genre théorique/genre historique* (Todorov in *Introduction à la littérature fantastique,* Seuil, 1970), *attitude fondamentale/genre* (Viëtor), *genre fondamental,* ou *type fondamental/genre* (Petersen); ou encore, avec quelques nuances, *forme simple/forme actuelle* chez Jolles. La position actuelle de Todorov est plus proche de celle que je défends ici : « Par le passé, on a pu chercher à distinguer, voire à opposer, les formes " naturelles " de la poésie (par exemple, le lyrique, l'épique, le dramatique) et ses formes conventionnelles, tels le sonnet, la ballade ou l'ode. Il faut essayer de voir sur quel plan une telle affirmation garde un sens. Ou bien le lyrique, l'épique, etc., sont des catégories universelles, *donc du discours* (...). Ou bien c'est à des phénomènes historiques qu'on pense en employant de tels termes; ainsi l'épopée est ce qu'incarne l'*Iliade* d'Homère. Dans ce cas, il s'agit bien de genres; mais sur le plan discursif ceux-ci ne sont pas qualitativement différents d'un genre comme le sonnet — reposant, lui aussi, sur des contraintes thématiques, verbales, etc. » (« L'origine des genres » (1976), *Les Genres du discours*, Seuil, 1978, p. 50).

d'énonciation, ce qu'on ne peut dire ni de l'épique, ni du dramatique, ni bien sûr du lyrique au sens romantique de ces termes.

En rappelant ces évidences souvent méconnues, je ne prétends nullement dénier aux genres littéraires toute espèce de fondement « naturel » et transhistorique : je considère au contraire comme une autre évidence (vague) la présence d'une attitude existentielle, d'une « structure anthropologique » (Durand), d'une « disposition mentale » (Jolles), d'un « schème imaginatif » (Mauron), ou, comme on dit un peu plus couramment, d'un « sentiment » proprement épique, lyrique, dramatique — mais aussi bien tragique, comique, élégiaque, fantastique, romanesque, etc., dont la nature, l'origine, la permanence et la relation à l'histoire restent (entre autres) à étudier[1], car en tant que concepts génériques, les trois termes de la triade traditionnelle ne méritent aucun rang hiérarchique particulier : *épique*, par exemple, ne surplombe *épopée*, *roman*, *nouvelle*, *conte*, etc., que si on l'entend comme mode (= narratif); si on l'entend comme genre (= épopée) et qu'on lui donne, comme fait Hegel, un contenu thématique spécifique, alors il ne *contient* plus le romanesque, le fantastique, etc., il se retrouve au même niveau; de même pour le dramatique à l'égard du tragique, du comique, etc., et pour le lyrique

1. Le problème de la relation entre les archétypes intemporels et la thématique historique se pose (je ne dis pas : se résout) de lui-même à la lecture d'ouvrages comme le *Décor mythique* de G. Durand, analyse anthropologique d'un romanesque apparemment né avec l'Arioste, ou la *Psychocritique du genre comique* de Ch. Mauron, lecture psychanalytique d'un genre né avec Ménandre et la comédie nouvelle — Aristophane et la comédie ancienne, par exemple, ne relevant pas exactement du même « schème imaginatif ».

à l'égard de l'élégiaque, du satirique, etc.[1]. Je nie seulement qu'une ultime instance générique, et elle seule, se laisse définir en termes exclusifs de toute historicité : à quelque niveau de généralité que l'on se place, le fait générique mêle inextricablement, entre autres, le fait de nature et le fait de culture. Que les proportions et le type de relation même puissent varier, c'est encore une évidence, mais aucune instance n'est totalement donnée par la nature ou par l'esprit — comme aucune n'est totalement déterminée par l'histoire.

On propose parfois (ainsi Lämmert dans ses *Bauformen des Erzählens*) une définition plus empirique, et toute relative, des « types » idéaux : il s'agirait seulement des formes génériques *les plus constantes*. De telles différences de degré — par exemple entre la comédie et le vaudeville, ou entre le roman en général et le roman gothique — ne sont pas contestables, et il va de soi que la plus grande extension historique a partie liée avec la plus grande extension conceptuelle. Mais il faut cependant manier avec prudence l'argument de la durée : la longévité des formes classiques (épopée, tragédie) n'est pas un sûr indice de transhistoricité, car il faut ici tenir compte du conservatisme de la tradition classique, capable de maintenir debout pendant plusieurs siècles

1. La terminologie, en l'occurrence, reflète et aggrave la confusion théorique : à *drame* et *épopée* (entendus comme genres spécifiques), nous ne pouvons opposer en français qu'un flasque *poème lyrique; épique* au sens modal n'est pas vraiment idiomatique, et nul ne s'en plaindra : c'est un germanisme qu'il n'y a aucun avantage à accréditer; quant à *dramatique,* il désigne vraiment, et malheureusement, les deux concepts, le générique (= propre au drame) et le modal (= propre au théâtre); si bien qu'on ne peut rien aligner, au niveau modal, en paradigme avec *narratif* (le seul univoque) : *dramatique* reste ambigu, et le troisième terme manque absolument.

des formes momifiées. En face de telles permanences, les formes post-classiques (ou para-classiques) pâtissent d'une usure historique qui est moins leur fait que celui d'un autre rythme historique. Un critère plus significatif serait la capacité de dispersion (dans des cultures diverses) et de récurrence spontanée (sans l'adjuvant d'une tradition, d'un *revival* ou d'une mode « rétro ») : ainsi, peut-être, pourrait-on considérer, à l'inverse de la résurrection laborieuse de l'épopée classique au XVIIe siècle, le retour apparemment spontané de l'épique dans les premières chansons de geste. Mais on mesure vite, devant de tels sujets, l'insuffisance, non seulement de nos connaissances historiques, mais encore et plus fondamentalement de nos ressources théoriques : dans quelle mesure, de quelle manière et en quel sens, par exemple, l'espèce chanson de geste appartient-elle au genre épique ? Ou encore : comment définir l'épique en dehors de toute référence au modèle et à la tradition homériques[1] ?

On voit donc ici en quoi consiste l'inconvénient théorique d'une attribution fallacieuse qui pouvait d'abord apparaître comme un simple lapsus historique sans importance, sinon sans signification : c'est qu'elle projette le privilège de naturalité qui était *légitimement* (« il n'y a et il ne peut y avoir que trois façons de représenter par le langage des actions, etc. ») celui des trois modes *narration pure/narration mixte/imitation dramatique* sur la triade de genres, ou d'archigenres, *lyrisme/épopée/drame* : « il n'y a et il ne

1. Cf. D. Poirion, « Chanson de geste ou épopée ? Remarques sur la définition d'un genre », in *Travaux de linguistique et de littérature,* Strasbourg, 1972.

peut y avoir que trois attitudes poétiques fondamentales, etc. ». En jouant subrepticement (et inconsciemment) sur les deux tableaux de la définition modale et de la définition générique[1], elle constitue ces archigenres en types idéaux ou naturels, qu'ils ne sont pas et ne peuvent être : il n'y a pas d'archigenres qui échapperaient totalement à l'historicité *tout en conservant une définition générique*[2]. Il y a des modes, exemple : le récit; il y a des genres,

1. Le seul, ou presque, poéticien moderne qui maintienne (à sa manière) la distinction entre modes et genres est à ma connaissance N. Frye. Encore baptise-t-il (en anglais) *modes* ce que l'on appelle ordinairement genres (mythe, romance, mimésis, ironie), et *genres* ce que je voudrais appeler modes (dramatique, narratif oral ou *épos*, narratif écrit ou *fiction*, chanté pour soi ou *lyrique*). C'est cette dernière division, et elle seule, qui s'appuie chez lui — explicitement — sur Aristote et Platon, et qui se donne pour critère la « forme de présentation », c'est-à-dire de communication avec le public (voir trad. fr., p. 299-305, et particulièrement p. 300). C. Guillen (*op. cit.*, p. 386-388) distingue quant à lui trois sortes de classes : les genres proprement dits, les formes métriques, et (se référant à Frye avec une heureuse substitution de termes) les « *modes* de présentation, comme le *narratif* et le *dramatique* ». Il ajoute toutefois, non sans raison, que, contrairement à Frye, il ne croit pas « que ces modes constituent le principe fondamental de toute différenciation générique, et que les genres spécifiques soient des formes ou des exemples de ces modes ».

2. Cette clause soulignée est sans doute le seul point sur lequel je me sépare de la critique adressée par Ph. Lejeune à la notion de « type » (*Le Pacte autobiographique*, p. 326-334). Je pense comme Lejeune que le type est « une projection idéalisée » (je dirais plus volontiers : « naturalisée ») du genre. Je crois pourtant comme Todorov qu'il existe, disons des formes a priori de l'expression littéraire. Mais ces formes a priori, je ne les trouve que dans les modes, qui sont des catégories linguistiques et prélittéraires. Sans parler, bien entendu, des contenus investis, eux aussi largement extralittéraires et transhistoriques. Je dis « largement », et non « totalement » : j'accorde sans réserve à Lejeune que l'autobiographie est, comme tous les genres, un fait historique, mais je maintiens que ses investissements ne le sont pas intégralement, et que la « conscience bourgeoise » n'y explique pas tout.

exemple : le roman; la relation des genres aux modes est complexe, et sans doute n'est-elle pas, comme le suggère Aristote, de simple inclusion. Les genres peuvent traverser les modes (Œdipe raconté reste tragique), peut-être comme les œuvres traversent les genres — peut-être différemment : mais nous savons bien qu'un roman n'est pas seulement un récit, et donc qu'il n'est pas une espèce du récit, ni même une espèce de récit. Nous ne savons même que cela, dans ce domaine, et sans doute est-ce encore trop. La poétique est une très vieille et très jeune « science » : le peu qu'elle « sait », peut-être aurait-elle parfois intérêt à l'oublier. En un sens, c'est tout ce que je voulais dire — et cela aussi, bien sûr, est encore trop.

X

Ce qui précède est, à quelques retouches et additions près, le texte d'un article publié dans *Poétique*, en novembre 1977, sous le titre « Genres, ' types ', modes ». Comme me le fit aussitôt observer Philippe Lejeune, la conclusion en était excessivement désinvolte, ou figurée : s'il faut (mais faut-il ?) parler littéralement, la poétique n'a pas à « oublier » ses erreurs passées (ou présentes) mais, bien sûr, à les mieux connaître pour éviter d'y retomber. Dans la mesure où l'attribution à Platon et Aristote de la théorie des « trois genres fondamentaux » est une erreur historique qui cautionne et valorise une confusion théorique, je pense évidemment qu'il lui faut à la fois s'en débarrasser et garder à l'esprit, pour leçon, ce (trop) significatif accident de parcours.

Mais d'autre part, cette conclusion évasive masquait, mal et sans trop le savoir, un embarras théorique que je tenterai maintenant de ressaisir par ce détail : « sans doute, disais-je, (la relation des genres aux modes) n'est-elle pas, comme le suggère Aristote, de simple inclusion, etc. ». « Comme le suggère Aristote » est, je m'en avise, équivoque : Aristote suggère-t-il qu'elle l'est ou qu'elle ne l'est pas ? Il me semblait alors qu'il disait qu'elle l'est, mais je n'en étais sans doute pas trop sûr, d'où le prudent « suggère » et la construction ambiguë. Qu'en est-il donc en fait, ou que m'en semble-t-il aujourd'hui ?

Que chez Aristote, et contrairement à ce qui se passe chez la plupart des poéticiens ultérieurs, classiques ou modernes, la relation entre la catégorie du genre et celle de ce que j'appelle en son nom le « mode » (le terme de « genre » lui-même, après tout, n'est pas dans la *Poétique*) n'est pas de *simple inclusion,* ou plus précisément n'est pas de *simple* inclusion. Il y a et il n'y a pas inclusion, ou plutôt il y a (au moins) *double* inclusion, c'est-à-dire intersection. Comme le manifeste bien — de cela aussi je m'avise après coup — le tableau ici présent[1] et construit d'après le texte de la *Poétique,* la catégorie du genre (soit la tragédie) est incluse à la fois dans celle du mode (dramatique) et dans celle de l'objet (supérieur), dont elle relève à un autre titre, mais au même degré. La différence structurale entre le système d'Aristote et celui des théories romantiques et modernes, c'est que ces dernières se ramènent généralement à un schéma d'inclusions univoques et

1. P. 19.

hiérarchisées (les œuvres dans les espèces, les espèces dans les genres, les genres dans les « types »), tandis que le système aristotélicien — si rudimentaire soit-il par ailleurs — est implicitement tabulaire, suppose implicitement un tableau à (au moins) double entrée, où chaque genre relève à la fois (au moins) d'une catégorie modale et d'une catégorie thématique : la tragédie, par exemple, est (à ce niveau) définie à la fois comme cette-sorte-d'œuvres-à-sujet-noble-que-l'on-représente-à-la-scène, et comme cette-sorte-d'œuvres-représentées-à-la-scène-dont-le-sujet-est-noble, l'épopée à la fois comme une action-héroïque-racontée et comme le-récit-d'une-action-héroïque, etc. Les catégories modales et thématiques n'ont entre elles aucune relation de dépendance, le mode n'inclut ni n'implique le thème, le thème n'inclut ni n'implique le mode, et il doit aller de soi que la présentation spatiale du tableau pourrait être inversée, avec les objets en abscisse et les modes en ordonnée ; mais les modes et les thèmes, en se croisant, co-incluent et déterminent les genres.

Or il me semble aujourd'hui qu'*à tout prendre* et *s'il faut* (faut-il ?) *un système,* et malgré son exclusion, aujourd'hui injustifiable, des genres non représentatifs, celui d'Aristote (une fois encore, *torniamo all' antico...*) est *dans sa structure* plutôt supérieur (c'est-à-dire, évidemment, plus efficace) à la plupart de ceux qui l'ont suivi, et que vicie fondamentalement leur taxinomie inclusive et hiérarchique, laquelle à chaque fois bloque d'emblée tout le jeu et le conduit à une impasse.

J'en trouve un nouvel exemple dans l'ouvrage

récent de Klaus Hempfer, *Gattungstheorie*[1], qui se veut une mise au point synthétique des principales théories existantes. Sous le titre à la fois modeste et ambitieux de « terminologie systématique », Hempfer propose un système implicitement hiérarchisé dont les classes inclusives seraient, de la plus vaste à la plus restreinte, les « modes d'écriture » *(Schreibweisen)*, fondés sur des situations d'énonciation (ce sont nos *modes,* exemple : narratif *vs* dramatique); les « types » *(Typen)*, qui sont des spécifications des modes : par exemple, au sein du mode narratif, narration « à la première personne » (homodiégétique) *vs* narration « auctoriale » (hétérodiégétique); les « genres » *(Gattungen)*, qui sont les réalisations concrètes historiques (roman, nouvelle, épopée, etc.); et les « sous-genres » *(Untergattungen)*, qui sont des spécifications plus étroites à l'intérieur des genres, comme le roman picaresque au sein du genre roman.

Ce système est à première vue séduisant (pour qui se laisse séduire à ce genre de choses), d'abord parce qu'il pose au sommet de la pyramide la catégorie du mode, à mes yeux la plus indéniablement universelle en tant qu'elle est fondée sur le fait, transhistorique et translinguistique, des situations pragmatiques. Ensuite, parce que la catégorie du *type* fait ici légitimement droit à des spécifications submodales telles que l'étude des formes narratives en a dégagé depuis un siècle : si le mode narratif est une catégorie transgénérique légitime, il paraît évident qu'une théorie d'ensemble des genres doit intégrer les spécifications submodales de la narratologie, et il en va naturellement de même des

1. Munich, W. Fink, 1973, p. 26-27.

éventuelles spécifications du mode dramatique. De même, on ne peut contester (et je l'ai déjà reconnu) qu'une catégorie générique comme le roman se laisse subdiviser en spécifications moins extensives et plus compréhensives telles que roman picaresque, sentimental, policier, etc. Autrement dit, la catégorie du mode et celle du genre appellent inévitablement, chacune pour son compte, leurs subdivisions, et rien évidemment n'interdit de les baptiser respectivement « types » et « sous-genres » (encore que le terme de *type* ne se recommande guère ni par sa transparence, ni par sa congruence paradigmatique : *sous-mode* serait à la fois plus clair et plus « systématique », c'est-à-dire en l'occurrence symétrique).

Mais où le bât blesse, on le voit bien, c'est lorsqu'il s'agit d'articuler en inclusion la catégorie du genre à celle du « type ». Car si le mode narratif inclut d'une certaine manière, par exemple le genre roman, il est impossible de subordonner le roman à une spécification particulière du mode narratif : si l'on subdivise le narratif en narration homodiégétique et hétérodiégétique, il est clair que le genre roman ne peut entrer entier dans aucun de ces deux types, puisqu'il existe des romans « à la première personne » et des romans « à la troisième personne [1] ». Bref, si le « type » est un sous-mode, le genre n'est pas un sous-type, et la chaîne d'inclusions se brise là.

1. Observons au passage que ces spécifications « formelles », c'est-à-dire (sub)modales, n'ont pas communément le statut de sous-genres, ou d'espèces, comme les romans picaresque, sentimental, etc. évoqués plus haut. Les catégories proprement (sub)génériques sont apparemment toujours liées à des spécifications thématiques. Mais il faudrait aller y voir de plus près.

Mais cette *systematische Terminologie* fait encore difficulté sur un autre point, que j'ai évité jusqu'ici de mentionner : la catégorie suprême des *Schreibweisen* n'est pas aussi homogène (purement modale) que je l'ai laissé entendre, car elle comporte d'autres « constantes anhistoriques » que les modes narratif et dramatique; Hempfer en mentionne à vrai dire une seule, mais dont la présence suffit à déséquilibrer toute la classe : le mode « satirique », dont la détermination est évidemment d'ordre thématique — plus proche de la catégorie aristotélicienne des objets que de celle des modes.

Cette critique, je m'empresse de le préciser, ne vise que l'incohérence taxinomique d'une classe baptisée « modes d'écriture », et où l'on semble, en fait, disposé à embarquer indistinctement toutes les « constantes », de quelque ordre qu'elles soient. Comme je l'ai déjà indiqué, j'admets en effet l'existence, au moins relative, de constantes « anhistoriques », ou plutôt transhistoriques, non seulement du côté des modes d'énonciation, mais aussi de quelques grandes catégories thématiques telles que l'héroïque, le sentimental, le comique, etc., dont le recensement éventuel ne ferait peut-être que diversifier et nuancer, à la manière des « modes » selon Frye, ou autrement, l'opposition rudimentaire posée par Aristote entre « objets » supérieurs, égaux et inférieurs, sans nécessairement compromettre pour l'instant le principe d'un tableau des genres fondé sur l'intersection de catégories modales et thématiques, simplement plus nombreuses de part et d'autre que ne les voyait Aristote : les thématiques, à l'évidence — et je rappelle que l'essentiel de la *Poétique* se consacre à une description plus spécifiée du sujet tragique, qui laisse implicitement subsister hors de sa définition des formes moins « éminemment tragiques » du drame sérieux; les modales, au moins parce qu'il faudrait faire sa place au mode non représentatif (ni narratif ni dramatique) de l'expression directe[1], et aussi sans doute pour diversifier les modes en ces sous-modes reconnus par Hempfer : il y a plusieurs « types » de récit, plusieurs « types » de représentation dramatique, etc.

On pourrait donc envisager une grille de type aristotélicien, mais beaucoup plus complexe que celle d'Aristote, où *n* classes thématiques recoupées par *p* classes modales et submodales détermineraient un nombre considérable (c'est-à-dire *np*, ni plus ni moins) de genres existants ou possibles. Mais rien ne permet a priori de limiter à deux le nombre de ces listes de paramètres, et donc de sauvegarder le principe du tableau à deux dimensions : lorsque Fielding, dans un esprit encore très aristotélicien, définit *Joseph Andrews* (et, d'avance, *Tom Jones* et quelques autres) comme une « épopée comique en prose », même si l'on peut ramener sans trop de peine le terme *épopée comique* à la quatrième case aristotélicienne, la spécification « en prose » introduit inévitablement un troisième axe de paramètres qui déborde et invalide le modèle de la grille tabulaire, car l'opposition *en prose/en vers* n'est pas propre au mode narratif (comme l'opposition *homo/hétéro-*

1. Il y a bien toujours une difficulté, ou gaucherie, à introduire dans un paradigme des modes de représentation un mode non représentatif. C'est un peu l'histoire de cet embarras que j'ai esquissée dans ce qui précède, et dont je risque fort d'ouvrir ici un nouveau chapitre. A moins que le mode non représentatif ne puisse entrer dans le système en tant que degré zéro ?

diégétique), mais traverse aussi le mode dramatique : il existe, au moins depuis Molière, des comédies, et au moins depuis l'*Axiane* de Scudéry, des tragédies en prose. Il y faudrait donc un volume à trois dimensions — dont la troisième, je le rappelle, avait été implicitement prévue par Aristote sous la forme de la question « en quoi ? » qui détermine le choix des « moyens » formels (en quelle langue, en quels vers, etc.) de l'imitation. Je suis assez enclin à penser que peut-être, par une heureuse infirmité de l'esprit humain, les grands paramètres concevables du système générique se ramènent à ces trois sortes de « constantes » : thématiques, modales et formelles, et qu'une espèce de cube translucide, sans doute moins maniable — et moins gracieux — que la rosace de Petersen, donnerait au moins pendant quelque temps l'illusion d'y faire face et d'en rendre compte. Mais je n'en suis pas assez certain, et j'ai trop longtemps manié, fût-ce avec des pincettes, les divers schémas et projections de mes ingénieux prédécesseurs pour entrer à mon tour dans ce jeu dangereux. Il nous suffira donc pour l'instant de poser qu'un certain nombre de déterminations thématiques, modales et formelles *relativement constantes et transhistoriques* (c'est-à-dire d'un rythme de variance sensiblement plus lent que ceux dont l'Histoire — « littéraire » et « générale » — a ordinairement à connaître) dessinent en quelque sorte le paysage où s'inscrit l'évolution du champ littéraire, et, dans une large mesure, déterminent quelque chose comme la réserve de virtualités génériques dans laquelle cette évolution fait son choix — non parfois sans surprises, bien sûr, répétitions, caprices, mutations brusques ou créations imprévisibles.

Je sais bien qu'une telle vision de l'Histoire peut sembler une mauvaise caricature de cauchemar structuraliste, faisant bon marché de ce qui précisément rend l'Histoire irréductible à ce genre de tableaux, savoir le cumulatif et l'irréversible — le seul fait, par exemple, de la *mémoire générique* (la *Jérusalem délivrée* se souvient de l'*Énéide,* qui se souvient de l'*Odyssée,* qui se souvient de l'*Iliade*), qui n'incite pas seulement à l'imitation, et donc à l'immobilisme, mais aussi à la différenciation — on ne peut évidemment pas *répéter* ce que l'on imite —, et donc à un minimum d'évolution. Mais d'un autre côté je persiste à penser que le relativisme absolu est un sous-marin à voiles, que l'historicisme tue l'Histoire, et que l'étude des transformations implique l'examen, et donc la prise en considération, des permanences. Le parcours historique n'est évidemment pas déterminé, mais il est en grande partie balisé par le tableau combinatoire : avant l'âge bourgeois, pas de drame bourgeois possible; mais, nous l'avons vu, le drame bourgeois se laisse suffisamment définir comme le symétrique inverse de la comédie héroïque. Et j'observe encore que Philippe Lejeune, qui voit, sans doute à juste titre, dans l'autobiographie un genre relativement récent, la définit en des termes (« récit rétrospectif en prose qu'une personne fait de sa propre existence, lorsqu'elle met l'accent sur sa vie individuelle, en particulier sur l'histoire de sa personnalité ») où n'intervient aucune détermination historique : l'autobiographie n'est sans doute possible qu'à l'époque moderne, mais sa définition, combinatoire de traits thématiques (devenir d'une individualité réelle), modaux (narration autodiégétique rétrospective) et formels (en prose), est typiquement aristotélicienne, et rigoureusement intemporelle[1].

XI

— Reste, me dira-t-on, que ce rapprochement cavalier est lui aussi tout rétrospectif, et que si Lejeune peut rappeler Aristote, Aristote n'annonce pas Lejeune, et n'a jamais défini l'autobiographie.

— J'en conviens, mais nous avons déjà observé qu'il avait, quelques siècles avant Fielding, sans le savoir et à un détail près (la prose), défini le roman moderne, de Sorel à Joyce : « récit bas » — a-t-on trouvé beaucoup mieux depuis ?

— Bref, progrès en poétique assez lents. Peut-être vaudrait-il mieux renoncer à une entreprise aussi marginale (au sens économique), et laisser aux historiens de la littérature, à qui elle revient de toute évidence, l'étude empirique des genres, ou peut-être des sous-genres, comme institutions socio-historiques : l'élégie romaine, la chanson de geste, le roman picaresque, la comédie larmoyante, etc.

— Ce serait une assez bonne défaite, et apparemment une bonne affaire pour tout le monde, encore que tous les articles cités ne soient pas précisément de première main. Mais je doute que l'on

1. L'historicité, bien sûr, s'y introduit dès que l'on pose que les notions de devenir et d'individualité sont inconcevables avant le XVIIe siècle; mais cette (hypo)thèse reste extérieure à la définition proprement dite. — A vrai dire, je ne suis pas certain d'avoir choisi avec l'autobiographie l'exemple le plus difficile : on aurait sans doute plus de peine à imaginer Aristote définissant le western, le *space opera,* ou même, comme le notait déjà Cervantes, le roman de chevalerie. Certaines spécifications thématiques portent inévitablement la marque de leur *terminus a quo*.

puisse très facilement, ou très pertinemment, écrire l'histoire d'une institution que l'on n'aurait pas préalablement définie : dans *roman picaresque* il y a *roman*, et supposé que le *picaro* soit une donnée sociale d'époque dont la littérature ne serait nullement responsable (c'est une supposition un peu grosse), reste à définir cette espèce par le genre proche, le genre lui-même par autre chose, et nous (re)voici en pleine poétique : qu'est-ce que le roman ?

— Question oiseuse. Ce qui compte, c'est *ce* roman, et n'oubliez pas que le démonstratif dispense de définition. Occupons-nous de ce qui existe, c'est-à-dire des œuvres singulières. Faisons de la critique, la critique se passe fort bien des universaux.

— Elle s'en passe fort mal, puisqu'elle y recourt sans le savoir et sans les connaître, et au moment même où elle prétend s'en passer : vous avez dit « ce *roman* ».

— Disons « ce *texte* », et n'en parlons plus.

— Je ne suis pas sûr que vous ayez gagné au change. Dans le meilleur des cas, vous tombez de poétique en phénoménologie : qu'est-ce qu'*un* texte ?

— Je ne m'en soucie guère : je puis toujours, *whatever it is,* m'y enfermer et le commenter à ma guise.

— Vous vous enfermez donc dans un genre.

— Quel genre ?

— Le commentaire de texte, parbleu, et même, plus précisément, le commentaire-de-texte-qui-ne-se-soucie-pas-de-genres : c'est un sous-genre. Franchement, votre discours m'intéresse.

— Le vôtre m'intéresse aussi. J'aimerais savoir d'où vous vient cette rage de *sortir :* du texte par le genre, du genre par le mode, du mode...

— Par le texte, à l'occasion et pour changer, ou, second degré, sortir de la sortie. Mais il est de fait que *pour l'instant* le texte (ne) m'intéresse (que) par sa *transcendance textuelle,* savoir tout ce qui le met en relation, manifeste ou secrète, avec d'autres textes. J'appelle cela la *transtextualité,* et j'y englobe l'*intertextualité* au sens strict (et « classique », depuis Julia Kristeva), c'est-à-dire la présence littérale (plus ou moins littérale, intégrale ou non) d'un texte dans un autre : la citation, c'est-à-dire la convocation explicite d'un texte à la fois présenté et distancié par des guillemets, est l'exemple le plus évident de ce type de fonctions, qui en comporte bien d'autres. J'y mets aussi, sous le terme, qui s'impose (sur le modèle *langage/métalangage*), de *métatextualité,* la relation transtextuelle qui unit un commentaire au texte qu'il commente : tous les critiques littéraires, depuis des siècles, produisent du métatexte sans le savoir.

— Ils le sauront dès demain : révélation bouleversante, inestimable promotion. Je vous remercie en leur nom.

— Ce n'est rien, simple retombée, et vous savez combien j'aime obliger à peu de frais. Mais laissez-moi terminer : j'y mets encore d'autres sortes de relations — pour l'essentiel, je pense, d'imitation et de transformation, dont le pastiche et la parodie peuvent donner une idée, ou plutôt deux idées, fort différentes quoique trop souvent confondues, ou inexactement distinguées — que je baptiserai faute de mieux *paratextualité* (mais c'est aussi pour moi la transtextualité par excellence), et dont nous nous occuperons peut-être un jour, si le hasard fait que la Providence y consente. J'y mets enfin (sauf omission) cette relation d'inclusion qui unit chaque texte aux divers types de discours auxquels il ressortit. Ici viennent les genres, et leurs déterminations déjà entrevues : thématiques, modales, formelles, et autres (?). Appelons cela, comme il va de soi, l'*architexte,* et *architextualité,* ou simplement *architexture*...

— Vous avez la simplicité un peu lourde. Les plaisanteries sur le mot *texte* forment un genre qui me paraît bien fatigué.

— Je vous l'accorde. Aussi proposerais-je volontiers que celle-ci fût la dernière.

— J'eusse préféré...

— Moi aussi, mais que voulez-vous, on ne se refait pas, et tout bien réfléchi je ne promets rien. Appelons donc *architextualité* la relation du texte à son architexte [1]. Cette transcendance-là est omniprésente, quoi qu'aient pu dire Croce et autres sur l'invalidité du point de vue générique en littérature, et ailleurs : de cette objection, on peut se défaire en rappelant qu'un certain nombre d'œuvres, depuis l'*Iliade,* se sont soumises d'elles-mêmes à ce point de vue, qu'un certain nombre d'autres, comme la *Divine Comédie,* s'y sont d'abord soustraites, que la seule opposition de ces deux groupes esquisse un système des genres — on pourrait dire plus simplement que le mélange ou le mépris des genres est un genre parmi d'autres —, et que cette esquisse fort rustique, nul ne peut y échapper, et nul ne peut s'en satisfaire : c'est donc le doigt dans l'engrenage.

— Je vous laisse l'y mettre.

1. Le terme *architexture* et l'adjectif *architextuel* ont été utilisés par Mary-Ann Caws, « Le passage du poème », *CAIEF,* mai 1978, dans une tout autre acception, qui m'échappe.

— Vous avez tort : c'est *mon* engrenage, et c'est *votre* doigt. L'architexte est donc omniprésent, au-dessus, au-dessous, autour du texte, qui ne tisse sa toile qu'en l'accrochant, ici et là, à ce réseau d'architexture. Ce qu'on appelle théorie des genres, ou *génologie* (Van Tieghem), théorie des modes (je propose *modistique;* la *narratique,* ou *narratologie,* théorie du récit, en fait partie), théorie des figures — non, ce n'est pas la rhétorique, ou théorie des discours, qui surplombe de très haut tout cela; *figuratique* m'est resté naguère sur les bras; que diriez-vous de *figurologie ?*

— ...

— Je ne vous le fais pas dire —, théorie des styles, ou *stylistique transcendante...*

— Pourquoi transcendante ?

— Pour faire chic, et pour l'opposer à la critique stylistique à la Spitzer, qui se veut le plus souvent immanente au texte; théorie des formes, ou *morphologie* (un peu délaissée aujourd'hui, mais cela pourrait changer; elle comprend, entre autres, la *métrique,* entendue, propose Mazaleyrat, comme l'étude générale des formes poétiques), théorie des thèmes, ou *thématique* (dont la critique ainsi qualifiée ne serait qu'une application aux œuvres singulières), toutes ces disciplines...

— Je n'aime pas trop cette notion.

— Nous voilà donc un point commun. Mais une « discipline » (mettons-y des guillemets contestataires) n'est pas, ou du moins ne doit pas être, une institution, mais seulement un instrument, un moyen transitoire, vite aboli dans sa fin, laquelle peut fort bien n'être qu'un autre moyen (une autre « discipline »), qui à son tour... et ainsi de suite : le tout est d'avancer. Nous en avons déjà usé quelques-unes, dont je vous épargne la nécrologie.

— Un service en vaut un autre : vous n'aviez pas fini votre phrase.

— Je comptais m'en dispenser, mais rien ne vous échappe. Toutes ces « disciplines », donc, et quelques autres qui restent à inventer et à casser à leur tour — le tout formant et réformant sans cesse la poétique, dont l'objet, posons-le fermement, *n'est pas le texte, mais l'architexte* —, peuvent servir, faute de mieux, à explorer cette transcendance architextuelle, ou architexturale. Ou plus modestement à y naviguer. Ou, plus modestement encore, à y flotter, quelque part au-delà du texte.

— Vous avez maintenant la modestie aventureuse : flotter sur une transcendance à bord d'une « discipline » vouée à la casse (ou à la réforme)... Monsieur le poéticien, je vous vois mal parti.

— Mon cher Frédéric, ai-je dit que je partais ?

COMPOSITION : IMPRIMERIE MAME À TOURS
IMPRESSION : REPRINT/AUBIN À LIGUGÉ (2-96)
D.L. 4e TR. 1979. No 5310-4 (L 50860)

DANS LA MÊME COLLECTION

ARISTOTE
La Poétique

MICHEL BEAUJOUR
Miroirs d'encre

LEO BERSANI
Baudelaire et Freud

CLAUDE BREMOND
Logique du récit

MICHEL CHARLES
Rhétorique de la lecture
L'Arbre et la Source

HÉLÈNE CIXOUS
Prénoms de personne

DORRIT COHN
La Transparence intérieure

COLLECTIF
coll. « Points Essais »
Littérature et Réalité
Pensée de Rousseau
Recherche de Proust
Sémantique de la poésie
Théorie des genres
Travail de Flaubert
Esthétique et Poétique
Textes réunis et présentés par Gérard Genette

DANIEL COUÉGNAS
Introduction à la paralittérature

MAURICE COUTURIER
Nabokov ou la Tyrannie de l'auteur

LUCIEN DÄLLENBACH
Le Récit spéculaire

ARTHUR DANTO
La Transfiguration du banal
L'Assujettissement philosophique de l'art

RAYMONDE DEBRAY-GENETTE
Métamorphoses du récit

MASSIMO FUSILLO
Naissance du roman

NORTHROP FRYE
Le Grand Code
La Parole souveraine
La Bible et la littérature II

GÉRARD GENETTE
Figures III
Mimologiques
Introduction à l'architexte
Palimpsestes
Nouveau Discours du récit
Seuils
Fiction et Diction
L'Œuvre de l'art
*Immanence et transcendance

KÄTE HAMBURGER
Logique des genres littéraires

ROMAN JAKOBSON
Questions de poétique
Russie, Folie, Poésie

ANDRÉ JOLLES
Formes simples

ABDELFATTAH KILITO
L'Auteur et ses doubles

PH. LACOUE-LABARTHE ET J.-L. NANCY
L'Absolu littéraire

MICHEL LAFON
Borgès ou la Réécriture

PHILIPPE LEJEUNE
Le Pacte autobiographique
Je est un autre
Moi aussi

THOMAS PAVEL
Univers de la fiction

VLADIMIR PROPP
Morphologie du conte
coll. « Points Essais »

Jean Ricardou
Nouveaux Problèmes du roman

Jean-Pierre Richard
Proust et le Monde sensible
repris en coll. « Points Essais »
Microlectures
Pages Paysages

Michael Riffaterre
La Production du texte
Sémiotique de la poésie

Nicolas Ruwet
Langage, Musique, Poésie

Jean-Marie Schaeffer
L'Image précaire
Qu'est-ce qu'un genre littéraire ?

Tzvetan Todorov
Introduction à la littérature fantastique
repris en coll. « Points Essais »
Poétique de la prose
Poétique de la prose, extraits. *Suivi de*
Nouvelles Recherches sur le récit
repris en coll. « Points Essais »
Théorie du symbole
Symbolisme et Interprétation
Les Genres du discours
Mikaïl Bakhtine, le principe dialogique
Critique de la critique

Harald Weinrich
Le Temps

René Wellek et Austin Warren
La Théorie littéraire

Paul Zumthor
Essai de poétique médiévale
Langue, Texte, Énigme
Le Masque et la Lumière
Introduction à la poésie orale
La Lettre et la Voix
La Mesure du monde

REVUE

PALABRES

AFRICAINE